KB003101

녹차
탐미

녹차 탐미

한·중·일 녹차 문화를 말하다

초판 1쇄 인쇄 2017년 12월 5일 ＼**초판 1쇄 발행** 2017년 12월 10일
지은이 서은미 ＼**펴낸이** 이영선 ＼**편집 이사** 강영선 김선정 ＼**주간** 김문정
편집장 임경훈 ＼**편집** 김종훈 이현정 ＼**디자인** 김회량 정경아
독자본부 김일신 이호석 김연수 박정래 손미경 김동욱

펴낸곳 서해문집 ＼**출판등록** 1989년 3월 16일(제406-2005-000047호)
주소 경기도 파주시 광인사길 217(파주출판도시) ＼**전화** (031)955-7470 ＼**팩스** (031)955-7469
홈페이지 www.booksea.co.kr ＼**이메일** shmj21@hanmail.net

© 서은미, 2017
ISBN 978-89-7483-904-8 04080
ISBN 978-89-7483-667-2(세트)
값 16,000원

이 도서의 국립중앙도서관 출판시도서목록(CIP)은 e-CIP 홈페이지(http://www.nl.go.kr/ecip)에서
이용하실 수 있습니다.(CIP제어번호: CIP2017031375)

《아시아의 미Asian beauty》는 아모레퍼시픽재단의 지원으로 출간됩니다.

아시아의 미
Asian beauty 7

녹차
탐미

한·중·일
녹차 문화를
말하다

서은미
지음

서해문집

차 본연의
맛을
탐미하다

한·중·일 차 문화의 공통점은 녹차 문화가 중심이라는 것이다. 세 나라 모두 전통적으로 녹차 문화를 발전시켜왔으며 지금도 그렇다. 현재 세계적으로는 홍차가 주로 소비되지만, 전통의 힘은 쉽게 바뀌지 않는지라 한·중·일 세 나라 국민은 여전히 녹차를 주로 마신다.

이 세 나라가 녹차로 차 문화를 형성하게 된 것은 선택의 여지가 없었다. 차 문화가 형성되고 발전하기까지 오랜 기간 동안 동아시아에서 만들 수 있었던 차는 기본적으로 녹차뿐이었기 때문이다. 당시의 차 제조 기술로는 발효차를 만들 수 없었다.

차 제조 기술은 쪄서 만드는 증제법蒸製法에서 덖어서 만드는 초제법炒製法으로 발전했다. 초제법이 확립된 후에야 오늘날 우리가 마시는 발효 정도에 따라 다양한 맛과 향을 가진 차를 제조할 수 있게 됐다. 초제법의 기원은 중국 당나라로까지 거슬러 올라가지만 기술이 확립되어 주류로 자리 잡기까지는 오랜 시간이 필요했다. 15세기에 들어와야 초제법이 주류가 됐고, 17세기에 이르러야(유럽으로 차가 보급되던 시기) 발효차인 홍차 문화가 형성될 수 있었다. 따라서 그 이전까지는 증제법으로 만든 녹차가 소비의 중심일 수밖에 없었고, 자연스럽게 한·중·일 3국에서도 차 문화는 녹차로 시작됐다.

차의 형태 역시 제조 기술의 발전과 관련이 있는데, 처음에 오랫동안은 덩어리차가 주류였다. 이는 시기와 지역에 따라 병차餠茶, 편차片茶, 단차團茶, 떡차 등 다양한 명칭으로 불렸다. 부족한 제조 기술 탓에 차를 좀 더 오래 보관하기 위해서는 덩어리 형태가 알맞았기 때문이다. 게다가 적당한 보관 용기 확보에도 한계가 있었으므로 잎차 형태보다는 덩어리차 형태가 보관과 운반에 편리했다.

물론 덩어리차가 주류였을 뿐이지 유일한 종류였다는 말은 아니다. 8세기에 저술된 육우陸羽의 《다경茶經》[1]에 따르면 당시 차에는 추차觕茶, 산차散茶, 말차末茶, 병차가 있었다. 이 중 보관과 운반에 편리하고 가장 선호한 것이 덩어리차인 병차였다. 추차는 거친 차로, 늦은 시기에 딴 찻잎으로 만든 저렴한 차이고, 산차는 잎차 형태, 말차는 가루차를 말한다. 산차와 말차는 오랫동안 보관하기 힘들고 유통 기간도 짧았다.

한·중·일의 차 문화가 가진 또 하나의 공통점은 차를 단독으로 마셨다는 것이다. 세 나라 모두 차에 아무것도 첨가하지 않고 마시는 것을 정통으로 여겼다. 물론 차 문화가 일찍 시작된 중국에서는 첨가물 방식을 거쳐서 단독으로 마시는 방식이 정착됐다. 중국 삼국시대의 기록인 《광아廣雅》에 따르면 당시 사람은 차에 파나 생강 등을 넣어 끓여 마셨다. 차를 단독으로, 또 그 본래의 맛에 집중하며 마시기 시작한 것은 8세기에 이르러서였다.

중국의 차 문화를 집대성한 육우는 《다경》에서 물에 소금만 넣어 간을 맞추고 차를 끓여 마시라고 가르쳤다. 그런데 사람들은 여전히 파나 생강, 대추, 귤껍질, 수유, 박하 등을 넣어 마셨다. 육우는 이러한 습속을 못마땅해했고, 문인들도 그것은 차를 마시는 정통 방법이 아니라고 비판했다. 그러나 이렇게 차를 마시는 방법은 차를 만들기가 수월할 뿐만 아니라 맛도 있고 건강에도 유용한지라 가정에서는 그대로 따랐다.

한편 오늘날처럼 찻잎을 우려서 찻물만 마시는 방식도 여러 단계를 거쳐서 확립됐다. 지금과 달리 한·중·일 세 나라 모두 처음에는 말차를 주로 마셨다. 물에 말차를 넣어 끓여 마시다가, 찻잔에 말차를 넣고 끓는 물을 부어 저어 마시는 방법으로 바뀌었다. 그다음 단계로 우려 마시는 방법이 주류가 됐다.

마지막으로, 한·중·일 차 문화의 공통된 특징으로 빼놓을 수 없는 것은 바로 차를 통해 종교적 심성이 표출됐다는 점이다. 전통적으로 동양인이 차를 통해 표출하려던 것은 물질적인 것만이 아니었다. 어쩌면 동양에서 녹차, 그것도 말차를 마시기 시작한 것에서부터 동양인이 차를 통해 표출하려는 방식이 정해진 것은 아닐까. 농도 있는 차 맛을 통해 동양인은 쉽게 차 본연의 맛을 탐미했을 것이다. 여기에 차가 알려지고 보급되는 데 큰 구실을 한 도사道士와 선승禪僧이 차를 통해 표출하려는 방식에 지대한 영향을 미쳤다. 따라서 도교의 신선 사상과 불교의 선 사상은 차 본연의 맛을 탐구하고 추구하는 문화와 밀접한 관련을 맺게 됐다.

이처럼 한·중·일의 차 문화는 동양인의 일상생활에 담긴 아름다움을 엿볼 수 있는 흥미로운 주제다. 현재 동양의 전통 문화는 형식적인 이해를 넘어 오늘날의 시점에서 재해석하고 공감할 수 있는 새로운 문화로 재창조되고 있다. 이 새로운 문화의 확산을 위해서는 전통에 대한 정확한 인식과 문화적 안목을 갖출 필요가 있다.

3. 한국 차 문화의 흐름

4. 일본 차 문화의 흐름

차의 아름다움

다구의 아름다움

회화를 통해 본 차

차 놀이와 차 공간

차 문화에

담긴

아름다움

차의 아름다움

'차 문화'라는 말은 이제 매우 일상적인 말이 됐다. 이것은 차라는 음료가 단순히 갈증을 해소하고 몸을 치유하는 기능만 하는 것이 아니라는 뜻이다. 오늘날 사람들은 차 그리고 그와 관련된 기물과 장소에 애정을 쏟으며 만족과 아름다움을 추구한다. 차를 통해 많은 것을 표출하고 감상하는 수준으로까지 발전했기에 이제 차는 아름다움이라는 넓은 영역을 가지게 됐다.

차에 큰 관심이 없는 사람이라면 연둣빛이 도는 녹차와 짙은 적갈색의 홍차가 같은 찻잎으로 만들어진다는 사실에 놀란다. 구불구불한 모양을 한 한국의 덖은 녹차와 다리미로 눌러놓은 듯 빳빳한 일본의 증제녹차 역시 같은 찻잎으로 만들지만, 우러나는 색도, 맛도 다르다. 하나의 찻잎이 모양도 맛도 다르게 제조된다는 것은 차가 주는 큰 즐거움이자 매력이다. 그리고 그

다양함 속에서 풍부한 문화가 꽃피었다.

잎에서 차로

차가 오랜 세월 동안 끊임없이 사랑받아왔다는 것은 그만큼 매력적인 요소가 많다는 의미일 것이다. 또 시대의 기호에 따라 변화를 마다하지 않았다는 뜻도 될 것이다. 그렇다면 차가 가진 매력은 무엇일까? 가장 먼저 카페인 음료라는 특징을 꼽을 수 있다. 그런데 이것만으로는 충분하지 않다.

차나무에서 잎을 따 활용하게 된 시점부터 차는 인간의 생활 속에 스며들어 끊임없이 다방면으로 풍족함을 주었다. 처음엔 생산 지역에서만 즐기던 것이 비생산 지역으로도 보급됐고, 덩어리차에서 말차로, 잎차로 변화했다. 또 끓여 마시고(자차법), 타서 마시고(점차법), 우려 마시게(포차법) 됨으로써 차를 마시는 다양한 습관도 확산됐다. 중국 남방의 도가적이고 자유로운 분위기에서 북방으로 전파되면서 불교적이고 유교적인 절제와 절대성, 구체성이 더해졌다. 문화는 공유되고 학습되면서 축적되는 것인지라 문화의 요소를 갖춘 차는 누구도 거부할 수 없는 음료가 되어갔다. 그리고 그 문화는 계속 변화하면서 발전했다.

처음에 찻잎을 따는 것으로 시작해서 더 많은 사람의 노고가 더해져 차는 음료로 자리를 잡았다. 초기에는 독립적인 맛을 내기가 어려워서 첨가물을 넣어 마셨다. 파라든가 생강, 귤껍질 등을 넣어 함께 끓여 마셨다. 이후 재배와 제조 기술이 쌓이면서 차는 비로소 독립적인 영역을 확보할 수 있었다.

찻잎을 딸 때부터 마실 수 있는 차로 완성될 때까지 수월한 작업은 없다. 이른 봄 다원에서 어린 찻잎을 따는 수확자의 손놀림은 매우 빠르다. 마구 따는 것이 아니라 필요한 잎을 빠르고 정확한 동작으로 수확한다. 일반인이 흉내 낼 수 없는 판단력과 속도다. 이후에도 수확한 잎을 분류하고, 위조萎凋하고, 건조하는 등 차가 완성되기까지 거치는 여러 공정에는 많은 전문가의 노력이 필요하다.

따라서 차에 관심 있는 사람이 찻잎의 모양에 관심을 보이는 것은 어찌 보면 당연하다. 처음에야 호기심과 심미적인 관심이겠지만, 결국은 그 안에 담긴 생산자의 노고와 전문 기술을 깨닫게 된다. 그 결과 만들어진 찻잎의 경이로움을 공감하게 되는 것이다. 모양이 예쁘고 신기할 뿐만 아니라, 멋진 향과 맛에 차를 보고 마시면서 항상 감탄하게 된다.

이러한 관심의 확장이 곧 문화가 되고 그 문화를 공유하고 변화시키는 힘일 것이다. 작은 찻잎의 모양에 대한 관심만으로도 확장되는 세계는 넓다. 차를 통해, 차를 마시는 사람을 통해 축

적되는 문화의 내용은 매우 풍부해진다. 그리고 이러한 풍부함
이 또한 사람을 매료한다.

황금과 같은 차

분명 나뭇잎이 황금이 될 수는 없다. 흙으로 빚은 도기가 황금
이 될 수 없듯이 말이다. 그런데 역사를 돌아보면 잎이 황금을
능가하기도 했고, 흙으로 빚은 몇백 그램의 다호茶壺(teaport)[1]가
황금 2킬로그램과 맞먹기도 했다. 일상의 사발에 특별한 이름
이 붙여지고, 그것은 곧 보물이 됐다. 바로 찻잎이 그랬고 다
구가 그랬다. 이는 차와 다구를 만들 때 그 가치 확립에 얼마나
노력했는지를 보여주는 것인 동시에, 그 차와 다구가 아름다움
과 희소성 그리고 권위를 갖췄음을 의미한다.

　예술 가치가 있는 소장품이라면 그 소재의 가치와 상관없이
황금을 능가하는 가격이 형성될 수 있다. 그런데 소비재라면 한
계가 있다. 그해에 생산해서 그해에 소비해야 가장 좋은 차가
황금의 가치를 능가할 수 있었던 것은 어떤 이유에서였을까?
또 희소성과 권위는 어떻게 구축했을까?

　중국의 전통시대는 황제가 통치하는 시대였다. 황제라는 절
대 권력 아래서는 상상할 수 없는 가치의 창출이 가능했다. 황제

에게는 통치 지역의 모든 산물을 향유할 권리가 있었으므로 각지의 귀한 특산물은 황실로 진공됐다. 차도 그런 진공품의 하나였다. 황제에게 바치는 차가 귀하기는 했지만 그렇다고 황금을 능가했던 것은 아니다. 생산이 부족하지 않다면 황제에게 바치는 일정 수량 외에 나머지는 민간에서도 판매가 됐기 때문이다.

그런데 어느 시점에 이르자 민간에서 판매되지 않는 황실만의 차를 제조하게 되면서 차의 가격과 권위는 최고조에 달하게 됐다. 바로 999년부터 중국 송 대 복건로福建路 북원北苑에서 황실의 차, 즉 북원차가 생산되기 시작한 것이다. 이해에 공차貢茶의 공급 방식을 바꾸는 획기적인 조치가 단행됐다. 각 지방의 상등품 차를 황실로 상공하던 기존의 방식에서 벗어나 공차 지역을 한 군데로 한정하게 되었는데, 그곳이 바로 복건로의 북원이었다. 북원차는 이렇게 단일 지역의 어차御茶로서 시작됐다.

이 조치는 일거양득의 효과가 있었다. 즉 민간의 차 생산과 소비 활성화를 통한 국가 수입 확보에 황실 수요가 방해되지 않으면서, 동시에 황실 차의 권위를 높였다. 당시에는 차에 대한 징세가 국가 재정에 기여도가 높았고 요긴했으므로 이를 방해하는 기존의 공차제도는 고칠 수밖에 없었다. 황실은 여러 지역에서 받는 공차를 포기하는 대신 황실만의 절대적 가치를 만드는 쪽을 선택한 것이다. 이제 전국 30여 개 주州에서 상공하던 공차는 단일 지역인 북원에서만 공급하게 됐다.

여기서 그 유명한 용차龍茶, 봉차鳳茶, 용단승설龍團勝雪과 같은 전설의 차가 생산됐다. 당시 최고의 제조 기술이 적용됐고 제조 기술 진보와 함께 역대 복건전운사福建轉運使(복건로의 재정과 조운을 관장하던 관리)의 충성 경쟁이 이어졌다. 용단龍團, 소룡단小龍團, 용단승설 등은 황제의 하사가 아니면 구할 수 없는 차였다. 민간에서 판매되지 않았으므로 금을 가지고도 구입할 수 없었다.

그러니 북원 어다원御茶園에서 차를 생산하는 과정은 특별할 수밖에 없었다. 찻잎을 따는 인력도 엄선했다. 매일 오경(새벽 3~5시)에 북이 울리면 225명의 찻잎 따는 인부가 감독관의 인솔하에 다원으로 들어갔다. 이들은 다원 지리에 익숙하여 찻잎의 생장이 늦고 빠른 장소를 숙지했을 뿐만 아니라, 찻잎 따는 기술도 능숙했다. 두 시간 후 징이 울리면 작업을 중단하고 철수했다. 이렇듯 찻잎을 수확하는 데도 적시에만 진행하는 엄격함이 유지됐다.

초기에는 용뇌龍腦를 첨가하여 민간의 차와 차별성을 높이기도 했다. 그러나 용뇌를 넣어 향을 돋우는 방식은 용단승설이 만들어질 즈음에는 더 이상 쓰이지 않았다. 계속 기술 개발이 이어져 999년 이래 120여 년간 약 40종에 달하는 황실차가 만들어졌고, 마침내 3.6센티미터의 직사각형 용단승설이 제조되어 덩어리차 제조 기술의 정점을 찍었다.

찻잎의 등급을 일컫는 용어도 어차를 생산하는 과정에서 생겨났다. 대개 소아小芽, 간아揀芽, 자아紫芽의 순으로, 소아는 작설雀舌(참새의 혀)과 응조鷹爪(매의 발톱) 같은 뾰족한 모양의 채 벌어지지 않은 새싹을 말한다. 이는 아차芽茶라고도 했다. 간아는 1아芽에 1엽葉을 단 것으로 1창槍 1기旗라고도 한다. 자아는 1아에 2엽이 달린 1창 2기다. 1창 1기의 간아도 귀하여 기차奇茶라고 할 정도였으니, 이른 봄에 극소량만 얻을 수 있는 소아, 즉 아차는 그 귀함의 절정이었다. 이 밖에도 용단승설을 제조하는 과정에서 수아水芽라는 등급 명칭이 생겨나기도 했다. 1120년 복건전운사 정가간鄭可簡이 은선수아銀線水芽라는 차를 만들었는데, 이것이 용단승설의 전 단계다. 이 차는 익힌 싹에서 가운데 속심만을 가려낸 것으로, 그 여리고 얇기가 은색 실 같았다고 한다.

황제는 국가가 어려울 때조차 북원의 차를 고집했다. 1155년 남송은 금과의 전쟁으로 인한 국난 극복과 사회 안정을 위해 일시적이지만 진공품 제도를 폐지하는 조치를 단행했다. 당시 황제였던 고종은 이렇게 말했다. "공납으로 인해 백성의 수고가 많으니 모두 폐지하겠다. 그러나 복건의 공차만은 오랫동안 대대로 내려온 것이니 폐지하지 않고자 한다." 진공품 중에 오래되지 않은 것이야 없을 테지만, 유독 북원의 공차만은 계속 진상하라는 의지가 담긴 말이 아닐 수 없다.

북원은 차 생산과 기술 면에서 선진 지역이었고, 계속해서 기술 혁신을 이루었다. 북원의 차 명성은 오늘날까지 이어지는데, 그것은 이곳이 품질 좋은 차나무가 생장하는 자연 조건을 갖추기도 했지만, 식량 자급이 충분치 않아 상업과 무역의 발전이 꼭 필요한 지역이기도 했기 때문이다. 복주福州와 천주泉州라는 활발한 무역항을 보유했던 것도 복건 상품 작물의 발전을 자극했다. 이러한 환경을 기반으로 황실차 공급지라는 명성은 지역 내 차 생산에 부담을 주기보다는 활기를 높였다. 북원 주변의 민간 다원은 번성했고, 어다원이 있는 곳이라는 명성을 안고 이곳 차는 전국으로 판매됐다. 당시 복건의 건차建茶는 판매 지역이 가장 넓은 차였다. 이처럼 지금까지 이어지는 복건차의 명성은 그 유래가 매우 깊다.

한편 용단, 소룡단, 용단승설이라는 차 이름은 이후 조선 문인의 글에서도 자주 확인된다. 송 이후로도 명성이 이어져 모사품이 꾸준히 생산된 것이다. 특히 늦게까지 덩어리차를 즐기던 조선에서는 이들 차가 덩어리차의 대명사처럼 인식될 정도였다.

차의 고가 경쟁은 비단 고대에만 있었던 일이 아니다. 현대에도 많은 고가의 차가 생산된다. 그 가운데 최고봉은 단연 보이차普洱茶라고 할 수 있다. 보이차는 세균발효 과정을 거친[2] 후발효차인데, 이러한 후발효차는 숙성 기간이 길수록 맛이 좋아지고 그 희소성 때문에 가치도 높아진다. 위스키가 숙성 기간에 따라 가격이 달라지는 이치와 같다.

다양한 명칭으로 본 차

찻잎으로 만들 수 있는 차의 종류는 몇 가지나 될까? 보성차, 용정차, 보이차, 우지차, 재스민차, 다르질링차, 실론차, 말차 등등 이름만 봐도 다양한 차가 있음을 알 수 있다. 보성·우지·용정·보이·다르질링·실론 차는 모두 지명에서 따온 것이다. 재스민차는 첨가되는 꽃 이름을 붙인 것이고, 말차는 가루로 된 차의 형태에 따라 이름을 붙인 것이다. 이같이 차 이름을 붙이는 다양한 방식이 존재한다.

가장 일반적인 방식은 차가 생산되는 지역의 이름을 붙이는 것이다. 차를 비롯한 농산물은 토양이나 기후 등 생산지의 성격과 불가분의 관계에 있으므로 그 이름에 지명을 붙이는 것은 매우 자연스럽고 보편적이다. 중국 절강성浙江省 항주杭州의 서호용정西湖龍井, 사천성四川省의 학림선명鶴林仙茗, 강서성江西省

의 여산운무廬山雲霧, 안휘성安徽省 흡현歙縣의 황산모봉黃山毛峯, 안휘성의 기문홍차祁門紅茶, 인도의 아삼차, 스리랑카의 우바차, 한국의 보성차, 일본의 우지차宇治茶가 그런 경우다. 생산지 외에 차 집산지의 명칭이 차 이름이 되기도 하는데, 대표적인 것이 중국 운남성雲南省의 보이차다.

찻잎의 모양 등 외형적인 특징에 따라 이름을 붙이기도 한다. 작설차는 찻잎의 모양이 참새의 혀와 같다고 해서 붙여진 이름이다. 작은 참새의 부리 안을 언제 들여다봤을까 하는 재미있는 생각도 들지만, 채 펼쳐지지 않은 새싹의 뾰족한 모양이 참새의 혀를 닮았다고 여긴 듯하다. 주차珠茶는 찻잎의 둥근 모양이 진주 같다고 하여 붙여진 이름이다. 투명한 유리잔에 몇 알을 넣으면 물에 불어 둥글게 뭉쳐진 차가 펼쳐지는데, 그 모습이 무척이나 우아하다. 입뿐 아니라 눈까지 호강시켜주는 차다. 눈썹을 닮았다고 하여 이름 붙여진 미차眉茶는 눈썹이 날렵한 동양 미인을 연상시킨다. 자순차紫笋茶는 찻잎 모양이 뾰족한 죽순 같다고 해서 생긴 이름이다. 은침차銀針茶는 솜털이 많은 찻잎이 은 바늘과 같다고 해서 붙여진 이름으로, 역시 유리잔에 우린다. 은 바늘 같은 찻잎이 세로로 떠서 아래위로 부침을 거듭하는 모습을 눈으로 감상하며 마신다. 벽라춘碧螺春은 푸른 찻잎의 꼬인 모양이 소라 같다고 해서 생긴 이름이고, 죽엽차竹葉

茶는 찻잎이 댓잎 모양이어서 붙여진 이름이다. 녹모란綠牡丹은 찻잎을 여럿 묶어서 둥근 모양으로 풍성하게 만든 차다. 차를 우릴 때 마치 커다란 모란꽃이 개화하는 것 같다고 해서 붙여진 이름이다. 유리주전자에 넣고 여럿이 둘러앉아 화려한 꽃이 피는 모습을 감상하며 마신다. 어찌 보면 마치 고슴도치가 웅크리고 앉아 가시를 펼치는 것처럼도 보인다.

그리고 도저히 이해할 수 없는 이름이 붙여진 차도 있다. 그러한 차 중에는 원료인 차나무의 품종 이름을 딴 것이 있다. 수선水仙, 육계肉桂, 철관음鐵觀音, 대홍포大紅袍 등이 그런 차다. 또 이름만으로 그 찻잎을 딴 시기를 알 수 있는 차도 있다. 사전차社前茶는 춘분(3월 20~21일경) 전후에 딴 찻잎으로 만든다. 청명절(4월 4~5일경) 전에 따면 명전차明前茶라 하고, 곡우(4월 20~21일경) 전에 따면 우전차雨前茶라고 한다.

차의 맛과 향에 따라 붙여진 이름으로는 화차가 대표적이다. 국화를 넣은 차는 국화차, 계화桂花를 첨가한 것은 계화차, 중국 음식점에서 흔히 마시는 재스민차는 재스민꽃을 첨가해 만든다. 맛이 쓰다고 해서 이름 붙여진 고차苦茶도 있다.

다
구
의

아
름
다
움

차는 일찍부터 전용 기물, 즉 다구(차제구라고도 함)를 사용해 마
셨다. 다구의 재료는 도자기·금속·돌·나무 등 다양하며, 시대
에 따라 다양하게 구성된다. 차를 우려 마시기 위해 필요한 다
구는 찻주전자와 찻잔만 있어도 손색이 없고, 좀 더 구색을 갖
추어도 손가락 개수를 넘지 않을 만큼 소략하다. 찻상 위에 찻
주전자와 찻잔, 다호, 차칙(찻잎을 뜨는 숟가락) 그리고 숙우熟盂(끓
인 물을 식히는 대접)를 갖추는 정도면 충분하다. 물을 끓이는 전기
포트를 포함해도 간소하다 할 수 있다.

　말차를 마시던 시대에는 이보다 다양한 집기가 필요했다. 중
국 당·송 대에는 말차를 주로 즐겼지만 마시는 방법이 달랐기
때문에 다구에도 차이가 있었다. 당 대의 다구는 육우의《다경》
〈사지기四之器〉에, 송 대의 다구는 채양蔡襄의《다록茶錄》이나

조길趙佶(휘종 황제)의 《대관다론大觀茶論》 그리고 심안노인審安老人의 《다구도찬茶具圖贊》 등에 잘 나온다.

《다경》에서는 덩어리차인 병차를 갈아서 끓일 때 필요한 스물다섯 가지 다구에 대한 명칭과 소재, 형태, 제작 방법, 사용법 등과 다구 소재가 찻물에 미치는 영향까지 언급했다. 진열장인 구열具列을 제외한 스물세 가지의 다구를 모둠바구니인 도람都藍에 담았다. 《다록》에는 아홉 가지, 《대관다론》에는 여섯 가지, 《다구도찬》에는 점다點茶에 필요한 열두 가지의 다구가 열거되어 있다.

당 대에는 주로 말차를 솥에 넣어 끓여 마셨다. 이때 필요한 다구는 《다경》에서 제시한 스물다섯 가지였다. 다구의 가짓수가 많은 것은 차를 끓여야 했기에 숯과 솥을 얹는 도구 등 필요한 것이 많았기 때문이다. 게다가 소금까지 첨가했으므로 소금단지와 소금주걱도 필요했다. 또 찻잎과 물이 서로 융화하는 시간을 확보하기 위해 숙우 역시 꼭 필요했다.

실제 출토된 유물 가운데 당 대의 대표적인 다구로는 다음의 두 가지가 있다. 하나는 1987년 중국 섬서성陝西省 법문사法門寺에서 출토된 다구[3]이고, 다른 하나는 부장품으로 출토된 화강암 다구 세트[4]다.

법문사에서 출토된 다구는 궁정에서 쓰던 다구가 얼마나 화

《다경》에 기록된 25종의 다구

종류	다구	
불 피우는 도구 (4종)	풍로風爐와 회승灰承	밑에 통풍구가 뚫린 화로와 재받이
	거筥	숯광주리
	탄과炭檛	숯을 쪼갤 때 쓰는 숯가르개
	화협火筴	숯을 불에 넣을 때 쓰는 부젓가락
차 끓이는 도구 (2종)	복鍑	솥
	교상交床	솥을 받칠 때 쓰는 나무 받침
차를 굽고, 갈고, 무게를 재는 도구 (5종)	협夾	집게
	지낭紙囊	차 향기가 유실되는 것을 막기 위한 종이주머니
	연碾과 불말拂末	차를 분쇄할 때 쓰는 절구, 차 가루를 쓸어낼 때 쓰는 기구
	나합羅合	고운 차 가루를 만들 때 사용하는 체와 차를 수납하는 함
	칙則	차 가루를 뜨는 숟가락
물을 담거나 거르거나 뜨는 도구 (4종)	수방水方	생수를 담는 물통
	녹수낭漉水囊	물 거르는 자루
	표瓢	표주박
	숙우熟盂	끓인 물을 식히는 대접
차 달이는 도구 (1종)	죽협竹筴	대젓가락
소금을 담거나 뜨는 도구 (1종)	차궤鹺簋와 게揭	소금단지와 소금주걱
차 마시는 도구 (1종)	완盌	찻잔
청결 도구 (4종)	찰札	다구를 닦을 때 사용하는 솔
	척방滌方	다구를 씻는 개수통
	재방滓方	차 찌꺼기를 담는 찌꺼기통
	건巾	행주
차를 담거나 진열하는 도구 (3종)	분畚	찻잔을 담아두는 삼태기
	구열具列	다구를 수납하는 진열장
	도람都籃	다구를 담아 보관하는 모둠바구니

려하고 아름다웠는지 보여준다. 본래 아육왕사阿育王寺로 불렸던 법문사는 당나라 때 '법문지문法門之門'이라는 의미의 법문사라고 이름을 바꾸었다. 7세기 당 태종 때부터 당의 역대 황제는 법문사의 지하궁을 30년마다 개방하여 진신사리를 궁내로 모시는 의식을 거행했다. 그러나 의식은 874년 희종 때가 마지막이었다. 그 후 사리와 함께 역대 황제가 바친 공헌품은 지하궁에 보관된 채 잊혀갔다. 그러다 1987년 법문사의 진신보탑을 수리하던 중에 지하궁이 발견됐고, 그곳에서 121점의 가치 있는 유물이 출토됐다.

이때 다섯 점의 금은 제품과 두 점의 유리 제품으로 구성된 총 일곱 점의 궁중 다구가 세상에 모습을 드러냈다. 완벽하게 보존된 상태였고, 궁중의 다구로는 첫 번째 유물이었다. 확인된 일곱 점의 다구는 다연茶碾, 유리 다완茶碗, 유리 차탁茶托, 다라茶羅, 은칙銀則, 삼족염대三足鹽台, 작은 염대였다. 다연은 차를 가루로 갈 때 쓰는 다구로 다조茶槽와 축軸으로 구성된다. 다완은 찻잔이고 차탁은 잔받침이며, 다라는 차를 곱게 칠 때 사용하는 체, 은칙은 은으로 된 숟가락, 삼족연대는 세 발 달린 소금 그릇을 말한다.

발견 당시 칠기나무 상자 속에 다연·다완·차탁이 들어 있었고, 그 옆에 다라와 은칙이 놓여 있었다. 모두 희종이 바친 공헌

법문사 출토 다구
화강암 다구 세트

품으로, 화려한 문양에 도금 처리돼 있다. 은 바탕에 금으로 채색해 채색미가 돋보이는 궁중 다구다.

타이완 국립자연과학박물관이 소장한 당 대의 화강암 다구 세트는 열두 가지 다구로 구성된다. 네 발 달린 쟁반 위에 손잡이가 있는 두 개의 탕병湯餠, 두 세트의 다완과 차탁, 작은 접시가 놓여 있고, 쟁반 옆에는 풍로와 차솥 그리고 차를 부수는 다연과 퇴수기로 쓰였음 직한 뚜껑 없는 큰 그릇이 놓여 있다.

이 화강암 다구 세트는 부장품이지만, 그 형태를 통해 당 대차 문화의 많은 것을 알 수 있다. 풍로와 차솥은《다경》에 기록된 대로 자차법煮茶法에 따른 차 끓이기에 필요한 다구다. 또 손잡이가 달린 다양한 형태의 탕병이 사용됐음도 알 수 있다. 당시 이미 찻잔에 손잡이가 달린 것이 생산되기도 했지만,[5] 대체로 손잡이 없는 잔을 사용했던 것은 일찍부터 잔받침을 썼던 것이 하나의 이유일 것이다. 당 대의 유물 중에 잔과 잔받침이 일체화된 것도 있는 것을 보면 잔받침의 용도가 일찍이 손잡이 기능까지 포함했음을 알 수 있다. 그래서인지 중국에서는 찻잔 손잡이에 무심한 경향이 나타난다.

송 대에도 말차를 즐겼지만 마시는 방법은 많이 달랐다. 송 대의 점차법點茶法은 다완에 차 가루를 넣고 끓인 물을 부어 저어서 마시는 식이었으므로 당 대와 중시되는 다구에 차이가 있

당 대의 손잡이 달린 잔과 잔받침

었다. 채양의 《다록》에는 아홉 가지 다구가 열거되어 있다. 다배茶焙, 다롱茶籠, 침추砧椎, 다검茶鈐, 다연, 다라, 다잔茶盞, 다시茶匙, 탕병이 그것이다. 조길의 《대관다론》에는 여섯 가지 다구가 나온다. 다연, 다라, 잔, 선筅, 병, 작勺이다. 《다구도찬》에는 모두 열두 가지 다구가 기록돼 있다. 풍로, 침추, 다연, 다마茶磨, 다표茶杓, 다라, 다추茶帚, 잔받침, 다잔, 다병, 다선, 다건茶巾이다.[6]

열거된 다구만 봐도 가짓수가 줄었다는 것과 새로운 다구가 출현했음을 알 수 있다. 점차법으로 차를 마실 때는 상대적으로 찻잎을 더 곱게 갈아야 하기 때문에 찻잎을 부수어 가는 기구의 발전이 보였다. 이에 맷돌처럼 차를 곱게 갈 수 있는 다마가 등장했다. 솥에서 차가 가라앉지 않도록 치던 당 대의 죽협이 사

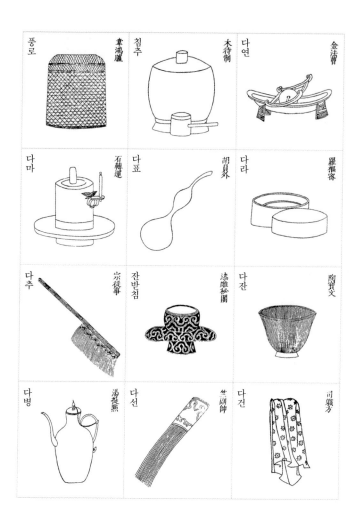

풍로	침추	다연	
韋鴻臚	木待制		金法曹
다마	다표	다라	
石轉運	胡員外		羅樞密
다추	잔받침	다잔	
宗從事	漆雕秘閣		陶寶文
다병	다선	다건	
湯提點	竺副帥		司職方

다구도찬에 실린 열두 가지 다구

라지고, 대신 다완에서 차가 거품이 나도록 치는 다시와 다선이 그 자리를 차지했다. 송 대의 다구에서 젓가락 형태는 차를 굽거나 불을 고를 때만 사용됐다. 또 당 대에는 풍로를 중시해 적당한 열로 끓이는 것이 중요했다면, 송 대에는 오히려 다병에 끓인 물을 알맞게 식히는 것이 중요했다.

명·청 대로 내려오면 간단히 잎차를 우려서 마시는 방법이 주류를 이루었으므로 다구도 다호와 찻잔을 중심으로 간략해졌다. 당시 도자기 기술이 발달해 다구는 감상과 소장의 대상으로도 주목을 받았다. 자기의 문양과 색상이 다채로워지면서 공예품으로서의 가치가 높아진 것이다.

다구의 색과 모양

명 대의 허차서許次紓 는 《다소茶疏》 〈자다기煮茶器 〉에서 차를 끓인다는 것은 차, 물, 다구, 불의 네 요소가 상호 작용한 결과임을 강조하며, "차는 물속에서 우러나고, 물은 그릇에 담긴다. 물은 불에 따라 끓어 완성된다. 이 네 요소는 상호 작용하므로 하나라도 부족하면 망가진다"라고 했다. 최상의 차를 마시기 위해서는 먼저 가장 좋은 찻잎을 선별해야 하고, 알맞은 물을 확보해야 한다. 또 마시기에 적당한 다구가 있어야 하고, 알맞은 불을 만들어줄 땔감도 있어야 하며, 적당한 불 온도도 맞추어야 한다. 이 네 요소와 그것을 다루는 기술이 완숙해야 최상의 차 맛이 나오는 것이다.

그런데 그중 가장 사람의 눈길과 촉감을 잡아끄는 것은 아무래도 다구다. 차가 담긴 모양과 색에서 입술에 닿는 촉감까지 감상의 폭이 가장 넓기 때문이다. 다구는 차의 맛과 색, 향을 살리는 데 중요할 뿐만 아니라, 예술적 감상에도 중요한 기능을 한다. 또 심리적인 부분에도 큰 영향을 미쳐서 예전부터 다구는 차와 함께 매우 중시돼왔다. 차의 역사가 오래된 만큼 차를 마시는 방법에도 변화가 있었고 다구의 제작 기술도 발전했기 때문에 시대에 따라 선호되는 다구는 차이를 보일 수밖에 없다.

먼저 다구의 소재를 살펴보자. 찻잔은 도자기 소재가 일반적이었다. 탕병은 황금제를 상품으로 쳤고, 그다음으로 은, 철, 돌이 사용됐다. 다롱과 다시의 소재는 대나무였고, 다연이나 다시 등은 은제품이 많았다. 잔받침의 소재는 칠기와 도자기가 주류였다.

다구의 소유 정도는 재력에 따라 달랐지만, 송 대에는 말차가 상품으로 판매됐을 정도로 차 마시기가 생활화된 시기였으므로 그 수요의 증가는 제반 산업 발전에 큰 영향을 끼쳤다. 서민 가정에서는 차를 깨고 굽고 가는 데 필요한 침추, 다검, 다라, 다연, 다마 등의 다구까지는 갖추지 못했을 가능성이 크지만, 그외의 전용기인 보관 용기나 찻잔, 다병 등은 일반적으로 소유했다. 좀 더 재력이 있는 집에서는 값비싼 장식용 다구와 일상용 다구를 구별하는 등 여러 종의 다구를 구비했다. 다구 사용의 증가는 이와 관련된 상공업을 발전시켰을 뿐만 아니라, 지역의 전문 상품도 함께 발전시켰다.

대표적으로 도자기산업을 들 수 있다. 11세기에 중국은 농업 기술의 진보로 농업 생산력이 향상됐고, 상품경제가 발달하여 부농과 상인 등 부유한 백성이 증가하고 서민 생활도 향상됐다. 따라서 의식주 관련 도구의 제작 기술도 진보했는데, 특히 도자기 제작 기술이 현저하게 발전했다.

이전 시대에 도자기는 소수의 주요 소비자인 귀족의 요구에 따라 생산됐지만, 송 대에 오면 일반적인 수요에 따라 생산되기 시작했다. 그 결과 요장窯場(도자기를 만드는 작업장)이 당 대에 비해 세 배나 증가했고, 요장의 규모도 당 대와는 큰 차이가 있었다. 대표적으로 요주요饒州窯(현 강서성 요주)의 경우 당 대에는 한 곳이 운영됐고 오대五代(당이 멸망하고 송이 건국할 때까지 중원에서 흥망한 다섯 왕조)시대에는 두 곳에 그쳤는데, 송 대에는 열두 곳이 운영됐고 인접한 지역으로도 확대됐다. 이렇게 요주요, 익주요 益州窯(현 사천성 성도시成都市 화양현華陽縣) 등의 규모는 이전과 비교해 열 배 정도 증가했다. 송 대에는 100여 개의 현縣에서 수백 곳의 요장이 운영됐다. 또 생산량에서도 커다란 진보를 이루어 한 요에서 2만 개 이상의 도자기를 생산해낼 수 있었다. 이는 길이 50.36미터, 폭 2.25~2.8미터에 이르는 거대한 가마를 이용한 대량 생산이 가능했기 때문이다.

당시는 관민官民의 차별이 거의 사라진 시대였다. 송 대의 법제서인 《경원조법사류慶元條法事類》 권3 〈의제령〉에는 "민서民庶가 사용하는 그릇에 은을 사용하는 것을 허락한다. 단, 도금은 할 수 없다"라고 하여 당시 서민이 사용할 수 없는 용기는 금칠한 것뿐이었다. 이러한 환경에서 도자기는 일반 백성에게도 다구로는 말할 것도 없고 일상 식기로도 폭넓게 사용됐다.

게다가 금을 사용할 수 없다는 금령도 지켜지지 않았다. 채양의 《다록》과 조길의 《대관다론》에 따르면 탕병의 경우 금제를 상품으로 인식했으며, 유력가는 금제 다시도 사용했다. 가난한 집에서는 일상의 숟가락이나 젓가락을 사용했지만 부자는 금제 다시를 사용한 것이다. 즉 고가 용기의 사용 유무는 신분이 아니라, 빈부에 따른 것이었다. 법제상 금제 다구는 궁중 다례에서만 쓰고 민간에서는 쓸 수 없었지만 실제로는 공공연하게 사용됐다. 일반 백성에게 판매하기 위해 백금 300~500알이 박힌 다구가 제작되던 시대였다.

태원太原과 담주潭州는 동기銅器 제작으로 명성이 자자했던 곳인데, 동기와 더불어 다구도 유명했다. 특히 동정호洞庭湖 아래쪽에 위치한 담주는 차 생산뿐만 아니라 다구 제작도 활발했다. 동정호 주변 지역에서 제작된 다구는 '구강九江의 가물佳物'이라 불릴 정도로 높은 평가를 받았다. 광남서로廣南西路의 뇌주雷州(현 광동성 해강海康)는 철 생산지이면서 철제 다구 제작으로도 유명했다. 뇌주에서는 철을 소재로 한 다연, 탕구湯甌, 탕궤湯匱 등을 만들었다. 이곳의 다구는 품질 면에서 건녕建寧(현 복건성 건구建甌)의 것에 뒤지지 않았다. 다연은 은이나 철로 만들었는데, 다마의 소재는 대개 돌이었다. 다마의 대표적 생산지로는 형산衡山(현 호남성 형산)이 있었고, 이외에 남안군南安軍(현 강서성 대여大余)에서도 '장중금掌中金'이라고 불리는 다마가 생산됐다. 차 마시는 문화가 퍼지면서 호사가 중에서는 다구 세트를 여럿 구비해놓는 것을 자랑으로 삼는 이도 있었다. 이렇듯 활발한 다구 제작은 도자기와 관련 산업의 발전을 자극했다.

한편 시대에 따라 주목받는 다완의 색과 모양은 달랐다. 당대에는 '남청북백南靑北白'이라는 말이 있을 정도로 청색의 월주요越州窯(현 절강성 여요현餘姚縣) 다완과 백색의 형주요邢州窯(현 하북성 형태邢台) 다완이 유명했다. 육우는 《다경》에서 월주요를 최고로 쳤고, 그다음으로 악주요岳州窯(현 호남성 악양岳陽), 정주요鼎州窯(현 섬서성 경양현涇陽縣), 무주요婺州窯(현 절강성 금화지구金華地區)를 꼽았다. 월주요와 악주요의 다완이 청색을 띠기 때문에 상등품이라고 평가했다. 형주요의 백색 자기는 차 색을 붉어 보이게 하고, 수주요壽州窯(현 안휘성 회남淮南)의 황색 자기는 차 색을 자줏빛으로 보이게 하며, 홍주요洪州窯(현 강서성 풍성豊城)의 갈색 자기는 차 색을 검게 보이게 해서 모두 적합하지 않다고 했다. 육우는 차 색을 녹색으로 보이게 하는 청색 자기가 다구로서 가장 적합하다고 보았다.

당시 일부에서는 형주요의 다완을 최상으로 평가했지만, 육우는 백색의 형주요 다완이 청색의 월주요 다완을 이길 수 없는 이유로 세 가지를 들었다. 즉 월주요 다완은 옥과 같고 얼음과 같으며 청색인 반면, 형주요 다완은 은과 같고 눈과 같으며 백색이기 때문이라고 했다. 그는 월주요 다완과 형주요 다완을 옥과 은, 얼음과 눈으로 비교했다. 중국에서는 옥을 보석 이상의 신비함을 지닌 것으로 귀하게 여겼고 어떤 보석과도 비교할 수 없다고 생각했다. 금도 아닌 은은 더욱 더 비교 대상이 될 수 없다. 게다가 옥과 같은 월주요는 얼음과 같이 맑고 강하기까지 하다고 평가했다. 색에서도 차의 녹색을 돋보이게 하는 청색이 다완으로는 최상이라고 생각했다.

송 대에는 흑색 다완이 주목을 받았다. 점차법으로 차를 겨루는 투차闘茶 때 일어나는 백색의 탕화湯花(거품)를 귀하게 여겼기 때문에 백색을 돋보이게 하는 흑색 도자기가 선호된 것이다. 건주요建州窯(현 복건성 건구)가 흑유다완黑釉茶碗 제작으로 유명했다. 당시에는 투차가 유행해 흑잔을 선호했지만, 일반적으로 청자·백자·청백자 등도 많이 사용됐다. 송 대의 문헌에 기록된 요장만 봐도 서른세 곳[7]에 달한다.

건잔建盞의 유행은 투차의 유행과 일맥상통하는 것이었다. 건잔의 흑색은 순백색의 탕화를 분별하기에 적합했고, 물의 흔적도 잘 보이므로 차의 품질을 구분하는 데도 편리했다. 건잔의 상등품은 토호잔兎毫盞이었는데, 다완 표면에 토끼털 같은 무늬가 있었기 때문이다. 이러한 무늬는 건주의 자토瓷土에 철 함유량이 많아서 소성할 때 철분의 교합 작용이 발생하여 생긴 것이다. 의도적으로 그리거나 만들어 넣을 수 있는 것이 아니기에 더욱 진귀하게 여겨졌다. 건잔은 말차의 인기가 시들해지면서 함께 사라졌다. 그 후 잎차를 우려 마시는 포차법泡茶法이 유행하면서 백자가 주목받기 시작했다.

원 대 이후에는 청화백자가 유행했고, 이어 오채자기 등 다양한 색을 입힌 채색 도자기가 유행했다. 차를 우려 마시는 방식이 주류가 되면서 차 색과 다구 색의 조화에 대한 관심은 줄어들었다. 청화백자는 유럽으로 수출되면서 유럽의 생활 문화와 차 문화에도 커다란 영향을 미쳤다.

사용의 미학: 자사호

다도를 즐기는 데는 정열과 공력은 물론이고 시간 역시 필요하다. 기물을 잘 이해하고 다루는 단계에 도달하기까지는 그만큼의 시간이 걸리기 때문이다. 다구 중에서 시간의 가치를 가지는 대표적인 것으로는 자사다호紫沙茶壺, 즉 자사호가 있다. 다호라는 이름은 이중적인 의미를 가진다. 하나는 찻잎을 보관하는 단지이고, 다른 하나는 차를 우리는 주전자다. 중국에서는 후자를 뜻하고, 한국과 일본에서는 전자를 뜻한다.

명·청 대에 유행했던 자사호는 사용의 미학이 담긴 다구다. 도공의 손에서 탄생하여 다호 사용자의 손길에 의해 완성된다. 잘 사용함으로써 그 가치를 더욱 높일 수 있었다. 실제로 처음 구입한 다호는 좋지 않은 냄새가 나기도 하고 윤기도 없다. 색도 탁하고 표면이 까칠해 좋아 보이지 않는 것도 있다. 그러나 오랫동안 잘 사용하면 다호가 찻물을 머금어 표면에 윤기가 흐르고 촉감도 좋아진다. 이는 뜨거운 물과 찬물을 교대로 넣는 과정과 마시는 사람의 손길에 따른 반응의 결과다. 결국 사람의 손에 의해 다호는 고급품으로 거듭나게 되어 비로소 완성품이

되는 것이다.

의흥宜興(현 강소성 소재)의 자사호는 명 대에 이미 명성이 높았다. 의흥의 정촉진丁蜀鎭 일대 광산에서 생산되는 금속 성분이 함유된 점토질의 분사암을 체로 곱게 쳐서 만든 흙을 자사라고 하고, 이것을 물에 반족해서 진흙 상태로 만든 것을 자니紫泥라고 하는데, 여기서 자사호라는 이름이 유래했다. 자사호의 재료는 색에 따라 자사니, 녹니綠泥, 홍니紅泥의 세 종류로 구분한다.

자사호는 고온(섭씨 1100~1200도)으로 굽는 과정에서 기공이 형성됨으로써 보온성은 좋아지고 열전도성은 낮아져 다호로서 좋은 기능을 갖게 된다. 기공 덕에 자사호는 차의 진액을 흡수하여 축적함으로써 차의 맛과 향을 살아 있게 한다. 유약을 사용하지 않으므로 사용할수록 표면의 광택이 살면서 품격을 더해간다. 흔히 다호를 잘 길들여야 한다는 말은 이런 연유에서 나온 것이다.

공춘供春은 흔히 자사호의 창제자로 불린다. 하지만 그가 자사호 만드는 방법을 개발한 것은 아니다. 공춘을 창제자로 일컫는 것은 그가 처음으로 다호 밑바닥에 서명을 해서 다른 다호와 식별할 수 있게 했기 때문이다. 공춘은 과거시험을 준비하기 위해 의흥 금사사金沙寺에 머물게 된 주인을 따라갔다가 그곳 스님에게서 다호 제작 기술을 배웠다고 한다. 공춘이 제작한 다호는 '상주시대에 만들어진 청동 솥과 쌍벽을 이룬다'고 평가될 정도로 높은 수준을 자랑한다. 그는 다호 제작을 예술적 단계로까지 끌어올렸다.

명 대의 자사호가 명성을 얻게 된 것은 차 마시는 방식이 이전과는 달라졌기 때문이다. 이전의 말차가 아닌 덖는 방식의 잎차 소비가 중심이 되면서 차를 마실 때 더욱 향과 맛에 집중하게 됐다. 중국에서 15세기는 덩어리차를 곱게 갈아 만든 말차가 소멸하고 잎차가 주류가 되는 시점이었다. 말차는 복건이나 광동, 광서 지역 정도에서 생산됐을 뿐이고 점차 기억에서 사라졌다. 구준丘濬은《대학연의보大學衍義補》(1487)에서 "원 대까지는 말차가 주류였으나 명 대에는 잎차가 주류가 되어 말차가 점차 사라졌다"라고 기록했다.[8]

말차를 마시던 시대에 사람들은 물 끓이는 소리와 말차를 저어서 거품 내기를 즐겼지만, 이제는 찻물의 색과 향 그리고 맛을 즐기게 됐다. 그만큼 다호의 기능도 커졌다. 명 대에 이미 자사호는 차 본래의 색과 향 그리고 맛을 우러나게 하는 데 가장 적합하다는 평가를 받았다.

자사호는 점토의 성격만 보면 자기에 가까우나 만드는 방식을 보면 도기라고 할 수 있다. 따라서 의흥 자사 역시 자토瓷土

가 아니라 도토陶土라고 한다. 도토와 자토는 도공이 습관적으로 구분하는 것이라 분명한 기준이 없다. 일반적으로 도기 제작에 사용되는 점토를 도토라 하고, 자기 제작에 사용되는 점토를 자토라고 한다. 이렇듯 자사호는 도기와 자기의 성격을 둘 다 가지고 있는데, 바로 자사호의 기공률만 봐도 알 수 있다. 자사호는 도기와 자기의 중간인 2퍼센트 미만의 기공률을 가지고 있다. 따라서 흡수율이 좋다. 이것이 차의 색과 향, 맛을 살리는 기능을 한다. 유약을 쓰지 않는 것도 자사호의 이러한 특징을 더해주는 요소다.

자사호는 모양에 따라 크게 광기光器, 근문기筋紋器, 화형기花形器로 나눌 수 있다. 광기는 기하학적인 선과 면으로 모양을 형상화한 것으로 원형, 사각형, 육각형 등 다양한 형태가 있다. 간결한 선과 조화로운 면으로 단아한 아름다움을 추구하는 것이 특징이다. 따라서 광기는 화려한 옷이나 장신구 없이 벗은 몸만으로 눈길을 사로잡는 예술적인 누드화에 비유되기도 한다. 선과 면, 재질을 그대로 노출하여 충만한 아름다움을 표출하기 때문이다. 근문기는 꽃잎을 형상화한 것이 많고 좌우 대칭과 선의 흐름이 중요시된다. 다호의 뚜껑에서 바닥까지 선이 물 흐르듯 이어지고 절개면도 균등해야 한다. 형상의 함축적인 아름다움을 감상하기에 적격인 다호다. 화형기는 자연 속 사물을 사실적으로 표면에 묘사한 작품이다. 연꽃 위의 개구리, 매화, 나비, 물고기, 새, 일상용품 등 다양한 사물을 부조나 반부조 수법으로 형상화한다.

자사호는 예술품으로 평가될 만큼 아름다워서 그 자체로 호사가의 수집물이 되기도 했다. 동시에 자사호는 길들임의 미학이 담긴, 즉 '양호養壺(다호를 숙성시킨다는 뜻)'라는 말이 생겨날 정도로 차를 마시는 이의 손길에 따라 더욱 빛나는 실용기다. 잘 길들여 사용하면 차의 맛과 향이 배가될 뿐 아니라 다호 자체도 더욱 아름다워지는 즐거움을 누릴 수 있다.

이도 다완과 조선의 사발

'아름다움에 절대 가치가 있는가?'라는 질문에 대한 논의는 끝이 없을 것이다. 그것이 내재된 절대적인 것이든 부여하는 상대적인 것이든 간에 아름다움이란 느끼고 공감하는 사람의 소유이지 않을까. 이러한 의미에서 이도 다완井戶茶碗은 한때 우리 것이었으되, 지금은 일본의 것이라고 할 수 있겠다. 원래는 조선의 그릇이었으나 이것이 일본으로 건너가 이도 다완이라는 이름으로 전해 내려온다. 그중 '천하제일 다완'이라는 기자에몬이도 다완喜左衛門井戶茶碗은 일본의 국보 제26호로 지정돼 있다.

그런데 우리는 보통 이것을 막사발이라고 부른다. 막사발이라 칭하게 된 근거는 어디서 나온 것일까? 그 기원은 1931년에 발표된 야나기 무네요시柳宗悅의 글에서 찾을 수 있을 듯하다. 그는 〈기자에몬이도를 보다〉에서 이도 다완을 다음과 같이 설명했다.

좋은 찻잔이구나. 그렇지만 어떻게 이처럼 지극히 평범할까. (……) 이것은 조선의 밥사발이다. 그것도 가난뱅이가 예사로 막 사용하던 사발이다. 사람들이 거들떠보지도 않는 물건이다. 전형적인 잡기雜器다. 가장 값싼 보통의 물건이다.

조선에서는 거들떠보지도 않는 잡기의 참 가치를 일본이 알아보았다는 것이 야나기의 논지다. 이도 다완이 일본에 오지 않았다면 조선에 존재하지 않았던 것이 되므로 일본이야말로 이도 다완의 고향이라고 했다. 〈마태오복음〉에 예수의 탄생지를 나사렛이 아니라 베들레헴이라고 쓴 진리와 같다는 비유까지 들었다.

일본에서 이도 다완의 아름다움이 극대화됐다는 사실에는 이의를 제기하기 어렵다. 그런데 이것이 막사발인지에 대해서는 의구심이 든다. 그것이 고려청자나 조선백자로 불리지 않고 생활용기의 기능이 있었던 것에는 동의할 수 있다. 그런데 '마구 만들어내고 가난뱅이도 예사로 사용하던 사발이었는가' 하는 문제에는 동의하기 어렵다. 조선 사람에게 이도 다완은 어떤 그릇이었을까?

기자에몬이도 다완은 16세기의 것으로, 지름 15.3~15.5센티미터에 높이 9.1센티미터, 무게 370그램이다. 크기에 비해 가볍다. 지름에 0.2센티미터의 오차가 있는 것은 완벽한 원형을 이루지 않기 때문이다. 이런 형태가 바로 이것이 생활용기로 제작됐다는 증거일 수 있다. 그렇지 않았다면 가마에서 나오자마자 파기됐을 것이다.

하지만 생활용기여서 마구 만들고 마구 사용했겠는가. 가마에 굽는 과정이 들어가는 도자기는 마구 만들기 어렵다. 뒷산의 흙을 퍼다 썼더라도 마구 뭉쳐서 만드는 것이 아니다. 따라서 일상의 생활 용기로 제작했다고 해도 기본적으로 들이는 정성과 노력은 적지 않다. 이도 다완도 그런 과정을 거쳐 탄생한 그릇이다. 허투루 만든 그릇일 수 없다.

그렇다면 천하제일 찻잔이 된 기자에몬이도 다완의 명칭은 어떻게 형성됐을까? 우선 기자에몬은 이 다완을 소유했던 사람의 이름이다. 그는 오사카의 상인으로, 성은 다케타竹田였다. 이도라는 명칭이 붙게 된 것에는 여러 가지 설이 있다. 먼저 조선

지명의 음을 가차한 것이라는 설이 있고, 다완의 형태로 인한 명칭으로 보는 설도 있다. 즉 우물井처럼 그릇의 속이 깊다는 의미를 담았다는 것이다. 또 처음에 이 다완을 조선에서 가져온 사람이 이도 산주로井戸三十郎라는 사람이었기 때문이라는 설도 있다. 어쨌든 이도 다완이 일본에 온 이후 그 아름다움의 척도를 만들어가는 과정에서 여러 이야기가 생겼음을 알 수 있다.

야나기 무네요시는 일본의 유명한 민예운동 창시자이자 미술평론가다. 그는 1931년 3월 8일 유력자의 호의와 관료의 승낙을 받아 교토 대덕사大德寺 고봉암孤篷庵에 보관된 기자에몬이도 다완을 직접 손으로 만지며 볼 수 있는 기회를 갖게 됐다. 이때 쓴 글이 〈기자에몬이도를 보다〉였다. 일본의 다인茶人이 대개 그렇듯이 그에게도 천하제일이라는 기자에몬이도 다완을 직접 본다는 것은 특별한 의미가 있었다. 따라서 그 감회는 남다를 수밖에 없었을 것이다. 그는 그때의 감회를 이렇게 적었다.

이것을 보는 것은 '차'를 보는 방법이고, 더불어 다인의 안목을 아는 방법이며, 나아가서는 자신의 안목을 성찰하는 방법이 되기 때문이다. 어쨌든 여기에는 아름다움과 아름다움에 대한 감상과 아름다움에 대한 사랑과 아름다움에 대한 철학과 아름다움에 대한 생활의 축도縮圖가 있기 때문이다.

야나기에게는 이 찻잔이 미의 척도, 예술의 척도였던 것이다. 그래서 많은 일본의 다인이 다도를 종교라고까지 말하는 것일 터다.

일상의 물건으로 제작된, 도공의 손놀림이 묻어날 정도로 빠르게 빚어낸, 그래서 자연스럽고 소박하며 단순한 아름다움을 지닌 조선의 그릇은 당시 일본인이 찾던 '새로운 추구를 형상화하는' 데 맞아떨어졌다. 그들이 찾던 새로운 추구란 이전에 가라모노唐物라고 부르던 중국산 제품이 주는 완성미와 정제된 아름다움 그리고 사무라이 사회의 화려하고 요란한 모임에 대한 반작용이었다. 즉 시중산거市中山居와 와비차 등으로 규정되는 소박함과 자연미, 불완전성의 아름다움이 고라이노모高麗物라고 칭하는 조선의 도자기로 형상화된 것이다. 그래서 조선의 경상도 어느 해안에서 제작됐다는 출처도 불확실한 이 도자기를 천하제일의 찻잔으로 받아들였다. 이는 16세기의 일본 사회를 거치고 난 후에야 형성된 것이다. 이렇듯 일본 나름의 방식으로 만들어낸 것이다.

그럼 조선에서 이도 다완은 무엇이었을까? 야나기가 말한 대로 이도 다완은 일본의 것이고, 일본에 오지 않았다면 조선에는 없을 것인가? 가난뱅이도 예사로 사용하여 거들떠보지도 않는 물건이었을까? 천하제일 찻잔인 이도 다완은 조선에 없었지만 조선에는 일상 용기로서의 다른 많은 이도 다완이 있었다. 그렇다고 거들떠보지도 않던 잡기라고 할 것은 아니다. 일상의 생활 용기인 이도 다완을 만들어내는 장인이 있었다면, 그것은 그것을 늘 사용하며 일상의 즐거움을 누리던 대중이 있었다는 뜻이다. 지금 우리에게는 천하제일 이도 다완을 이해하는 것보다 잃어버린 조선시대 생활 용기로서의 이도 다완을 찾아가는 일이 더 필요하다.

중국 회화 속의 차

고대의 회화 작품에는 당시의 생활상을 짐작해볼 수 있는 다양한 요소가 묘사되어 있다. 생활 속에 차가 얼마나 밀접하게 자리 잡고 있었으며, 당대인이 어떠한 일상의 즐거움과 아름다움을 추구했는지 알 수 있는 좋은 자료다.

회화의 묘사 내용은 시대에 따라 커다란 차이가 있다. 중국에서는 10세기 이전인 당 대까지는 주로 지배층의 연회 장면을 그렸다. 문화라고 할 수 있는 다양한 활동을 즐기는 계층이 여전히 제한됐음을 알 수 있다. 서민의 모습은 연회 준비를 하는 시종에게서나 찾아볼 수 있다. 반면 10세기부터는 좀 더 다양한 모습이 회화의 주제로 등장한다. 상류층의 연회 모습이나 문인

의 고적한 생활 모습뿐 아니라, 서민 냄새가 물씬 나는 거리 풍
경과 놀이 모습이 담긴 그림이 보인다. 그런데 다시 명·청 대에
이르면 상류층을 중심으로 한 작품이 주류를 이룬다.

당 대의 자차법을 잘 묘사한 그림으로는 〈소익잠난정도蕭翼
賺蘭亭圖〉[9]가 있고, 한가로이 차 마시는 정취를 보여주는 것으
로는 주방周昉의 〈조금철명도調琴啜茗圖〉[10]가 있다. 〈소익잠난
정도〉는 잔받침의 모양이 송 대의 것이어서 송인宋人의 모사작
으로 보이지만, 차를 끓이는 방식은 당 대의 자차법을 묘사했
다. 풍로 위에 얹은 차솥 앞에 한 사람이 앉아서 차탕茶湯(찻물)
을 휘젓거나 차 거품을 일으킬 때 쓰는 대젓가락을 들고 있다.
다른 한 손으로는 솥의 손잡이를 잡고 있다. 차를 휘저어야 하
므로 손잡이가 달린 솥은 실용적인 것이었다. 그 옆에는 다동茶
童이 잔받침을 받친 찻잔을 들고 기다린다. 풍로 앞에 놓인 탁
자에는 소금단지로 보이는 작은 함과 차를 갈 때 쓰는 다연의
축이 놓여 있다.

〈조금철명도〉에서는 차를 마시며 여유로움을 즐기는 귀부인
의 모습을 감상할 수 있다. 시녀의 시중을 받으며 차를 마시고
음악을 감상하면서 한가롭고 여유 있는 시간을 보내는 귀부인
을 그렸다. 중앙에 등을 지고 앉은 여인은 흰 천으로 잔을 받쳐
들고 차를 마시고 있다. 아마도 따뜻한 음료일 것이다. 오른쪽

소익잠난정도 부분

조금철명도

에 밝은 옷을 입고 앉아 있는 여인은 거문고 소리에 몰입한 듯하다. 시녀는 차를 받쳐 들고 주인을 다소곳이 바라보며 서 있다. 아마도 차는 까만 쟁반을 든 왼쪽의 시녀가 가져왔을 것이다. 복숭아나무 아래 평평하게 깎은 돌 위에 앉은 여인이 거문고를 타고 있고, 다른 여인들은 호화로운 의자에 앉아 차를 마시며 음악을 감상한다. 쟁반을 든 시녀도 잠시 귀를 기울이는 한가한 봄날 상류층 여인의 모임이다.

송 대 이후 회화에서는 좀 더 다양한 모습을 찾아볼 수 있다. 송 대의 점차법을 잘 보여주는 그림은 여러 작품이 있는데, 그 가운데 유송년劉松年의 〈연차도攆茶圖〉[11]와 요遼 대의 묘지 벽화인 〈비차도備茶圖〉[12]는 점차법의 특징과 다구를 자세히 보여준다.

〈연차도〉에는 점차법의 특징적인 모습이 잘 담겨 있는데, 다마로 차를 가는 모습과 차를 치는 다선이 바로 그것이다. 그림의 왼쪽 하단에는 다마를 앞에 놓고 차를 가는 사람이 보이는데, 다마에서 갈려 나온 차가 얼마나 고운지 분말이 이는 모습까지도 묘사했다. 점차법은 다완에 말차를 넣고 뜨거운 물을 부어 다선으로 저은 다음 마시는 방법이므로 이전보다 차의 분말 상태가 고와야 했다. 그래서 송 대에 새로 등장한 다구가 다마다. 손의 힘으로 밀어서 갈아내는 다연과 비교하면 다마는 맷돌 형태여서 일정하고 강한 압력에 의해 차가 곱게 갈렸다. 분말이

연차도 부분

비차도

날릴 정도로 곱게 갈렸음을 그림에서도 확인할 수 있다. 탁자
위에는 여러 다구와 함께 다선이 놓여 있다. 탁자 앞에 선 남자
는 오른손으로 다병을 잡고 왼손으로 다완을 잡은 채 물을 부으
려 하고 있다. 아마도 물을 붓고 나면 차를 다선으로 쳐서 고운
거품이 일게 할 것이다.

하북성에서 발견된 요 대의 장광정張匡正 묘 벽화인 〈비차도〉
에도 점차법에 의한 차 준비와 다구 묘사가 정확하게 나타난다.
잔받침을 들고 차를 내고 들이는 여인과 함께 바닥에 앉아 다연
으로 차를 가는 남자의 모습이 보인다. 화로 앞의 남자는 화로
에 다병을 올려놓고 불을 붙이기 위해 입으로 바람을 불어넣고
있다. 탁자 위에는 다병과 엎어서 겹쳐놓은 다완 그리고 다시,
다선, 집게가 보인다. 지금의 북경 주변 지역인 연운 16주를 확
보했던 거란족의 요는 일찍부터 많은 한족을 통치권에 포섭했
다. 따라서 차 마시는 습관도 자연스레 확립됐고 송과의 무역도
활발했다. 벽화에 차를 준비하는 모습이 그려진 것도 차 문화가
이미 생활 속에 뿌리내렸음을 보여준다. 그림 속의 남자는 모두
거란족의 특징인 변발을 하고 있어 익살스러워 보이기도 한다.

또한 송 대 회화에서는 '투차도鬪茶圖'를 주목할 만하다. 유송
년·이당李唐·무명씨의 것과 원 대 조맹부의 모사본 등 다양한
투차도가 전해진다. 중국에서 투차(차 겨루기)는 문인의 고상한

유송년의 투차도 1

놀이이기도 했지만, 서민 사이에서도 널리 유행했음을 확인할
수 있다.

　유송년이 남긴 몇몇 투차도 역시 대개 서민의 모습을 담고
있다. 타이완 타이베이 국립고궁박물원이 소장한 〈투차도〉1[13]
은 초봄 언덕배기에 서 있는 두 그루의 거목 아래서 네 사람이
차 겨루기를 벌이는 모습이다. 그림 속 인물의 몸짓과 손동작은
흥겨우면서 열정적이어서 그 열기가 전해지는 듯하다. 승부욕
과 더불어 즐거움이 넘쳐나는 현장이 잘 묘사되어 있다. 집기의
화려한 면면도 호사스러운 여가 생활의 일면을 엿볼 수 있게 해
준다.

　유송년의 〈투차도〉2[14]는 〈투차도〉1보다 차분한 분위기를

풍긴다. 커다란 소나무 아래서 역시 네 사람이 차를 겨루는 모습인데, 이들의 복장을 보면 지식인이나 문인으로 보기 힘들다. 발목이 드러난 바지와 윗옷을 걷어 올린 차림새는 〈명원도시도 茗園賭市圖〉[15]나 무명씨의 〈투차도〉[16]에 보이는 상인의 차림새와 크게 다르지 않다. 차이점이라면 다구가 이동에 간편한 형태인지 아닌지 정도다. 〈명원도시도〉와 무명씨의 〈투차도〉에서는 거의 다구를 양손으로 운반할 수 있도록 허리춤에 매단 반면, 유송년의 〈투차도〉에서는 한 곳에 다구를 설치한 형태를 보인다. 이동이 용이한 다구를 갖추었다는 것은 다양한 겨루기와 판매를 전제로 했다는 것이고, 한 곳에 다구를 설치했다는 것은 그 자체의 모임에 의미를 두었다는 뜻이다. 즉 언덕을 배경으로 거송 그늘 아래서 벌이는 상대적으로 품격을 높인 차 겨루기로 보인다. 따라서 신분도 유복한 상인이거나 다원 주인일 가능성이 높다.

유송년의 〈노동전차도盧同煎茶圖〉[17]는 괴석과 대숲 옆에서 벌이는 차 겨루기 광경을 그린 것이다. 그림 속에는 시중을 드는 듯 소반을 든 사람, 화로에 부채질하는 사람, 불을 살피는 사람, 차 마시는 사람, 점차 하는 사람 등 다양한 사람이 등장한다. 풍부한 다구를 설치해놓고 즐겁고 열정적이게 차를 겨루는 모습이 생동감 있게 느껴진다. 이 그림은 자유분방한 인물 묘사

무명씨의 투차도, 노동전차도
명원도시도

투차도 2

오백나한도 부분

는 물론이고 제목에서부터 도교적인 분위기가 풍긴다.

남송 대 명주明州의 화가 주계상周季常과 임정규林庭珪가 그린 〈오백나한도五百羅漢圖〉[18]는 사원에서 시행된 대규모의 다례가 어떤 모습이었을지 짐작하게 해준다. 〈오백나한도〉는 주계상과 임정규가 10년에 걸쳐 100폭으로 완성한 그림이다. 이 그림은 중국에 왔던 일본 구법승이 일본에 전했고, 여러 사찰을 거쳐 현재 교토 대덕사에 소장되어 있다. 27폭에 차를 따르고 마시는 모습이 그려져 있다.

의자에 앉아 있는 승려 사이에 시중을 드는 동자가 보인다. 동자는 한 손엔 다병을 들고 다른 한 손엔 다선을 들고서 차를 따르고 저어준다. 송 대의 선원에서 다양하게 이루어졌던 다례가 이러한 방식으로 이루어져 많은 사람이 함께 마실 수 있었음을 알 수 있다. 승려가 붉은 칠을 한 잔받침에 들고 있는 까만색 찻잔은 하얀 차 거품을 최상으로 여겼던 송 대의 점차법에 어울리는 최적의 잔이다.

원 대까지 주류였던 점차법은 명 대에 이르러 사라지고, 그 후 포차법이 자리를 잡아 오늘에 이른다. 포차법으로 차를 마시면서 다구의 가짓수가 간략해지고 다호가 매우 중시되는 경향이 나타났는데, 이것이 이전 시대와 다른 점이라고 할 수 있다. 그럼에도 이러한 변화가 반영되어 차를 마시는 묘사는 한결 간단해졌다. 또 기명화器皿畵에도 다호가 많이 등장한다. 포차법을 상징적으로 보여주는 기명화로는 청 대에 마원어馬元馭가 그린 〈다구도茶具圖〉[19]가 대표적이다.

한 개의 개완蓋碗(뚜껑이 있는 찻잔)과 포개놓은 두 개의 찻잔 그리고 다호가 그려진 간단한 기명화인데, 현대적인 분위기가 느껴질 만큼 세련된 작품이다. 명·청 대 사람들은 차의 맛과 색, 향을 온전하게 즐기기 위해서는 다호가 작은 것이 적합하다고 보았다. 그래서 '호소의차壺小宜茶'라는 말이 회자됐다. 작고 깊

다구도

이가 얕은 다호가 차에 적합하다는 것인데, 이 그림의 다호가 딱 그런 모양이다.

명 대의 문징명文徵明은 소주蘇州 지역에서 영향력이 높았던 문인화가였다. 그는 주로 산수와 문인 생활을 주제로 한 작품을 많이 남겼지만, 그 밖에 다화茶畵도 여러 점 남아 있다. 그의 다화 역시 명 대 문인의 고상하고 한적한 전원생활을 배경으로 한다. 그 가운데 〈다구십영도茶具十咏圖〉[20]는 차 품평회에 참석하지 못한 아쉬움을 그림과 시로 표현한 작품이다. 그림 속 배경은 그의 〈다사도茶事圖〉,[21] 〈품다도品茶圖〉[22]와 동일한 장소다. 〈다사도〉와 〈다구십영도〉는 1534년에 그린 것이고, 〈품다도〉는 1531년에 그린 것이다. 세 작품의 구도와 시선을 비교해보면 무척 재미있는데, 특히 같은 해에 그린 두 그림에서 배경을 바라보는 시선이 흥미를 끈다.

〈다사도〉와 〈품다도〉에는 손님과 함께 있는 모습, 게다가 집 앞 개울을 건너오는 또 다른 손님까지 묘사된 반면, 〈다구십영도〉에는 혼자 차를 마시는 모습뿐이다. 이 그림은 문징명이 1534년 곡우 3일 전날 소주에서 거행되는 차 품평회에 참석하지 못하게 된 것을 아쉬워하면서 친구들이 보내준 차를 끓여 마시며 고적한 생활을 하는 자신의 모습을 그린 것이다. 그림 상단에는 당 대의 육구몽陸龜蒙과 피일휴皮日休가 화답한 시로 유

다사도
다구십영도

품다도

명한 〈다구십영茶具十咏〉의 시제 열 가지(茶塢, 茶人, 茶筍, 茶籯,
茶舍, 茶竈, 茶焙, 茶鼎, 茶甌, 煮茶)에 따른 시가 쓰여 있다. 이 시가
〈다사도〉 상단에도 동일하게 쓰인 것으로 보아 〈다사도〉는 차
품평회에 참석하지 못한 문징명에게 몇 종류의 차를 가져다준
친구들의 모습을 묘사한 것이고, 〈다구십영도〉는 그 차를 혼자
즐기는 문징명 자신을 묘사한 것인 듯하다.

명 대 지식인의 모습이 바로 이러했을 것이다. 고고하고 은일
隱逸한 문사의 모습이다. 고적하고 여유로운 산거山居의 이미지
가 선비의 고고한 정신을 상징하는 듯하다. 이러한 '은일'과 '산
거'의 이미지는 한국과 일본에서도 나타난다.

여성의 일상생활을 그린 그림은 상대적으로 적은데, 명 대 황
권黃卷의 〈희춘도嬉春圖〉[23]와 청 대 양진楊晉의 〈호가일락도豪
家佚樂圖〉[24]를 보면 상류층 여성의 여가와 사교생활의 일면을
들여다볼 수 있다. 〈희춘도〉는 화창한 봄날 아리따운 한 무리의
규수가 누각이나 호숫가에서, 파초 그늘 아래서 봄 정취를 느끼
며 노니는 정경을 그렸다. 이들은 교외로 나와 담소를 나누거나
뱃놀이를 하고 여러 악기를 합주하며 즐거운 한때를 보내는데,
모두 차를 마시고 있다.

양진의 〈호가일락도〉는 사계절에 따른 부유한 가문의 일상적
유희를 담았는데, 여름 부분에 차를 마시며 여가를 보내는 모습

호가일락도 부분

희춘도 부분

이 그려져 있다. 아이 하나와 귀부인 둘이 정원에 나와 네 시녀의 시중을 받으며 차를 마시고 담소하며 한때를 보내는 모습이다. 아이는 탁자 앞쪽 뜰에서 부채를 들고 나비를 쫓으며 놀고 있다. 전족한 여인의 발도 주목을 끈다. 사람들이 있는 곳은 대숲으로 둘러싸여 있는데, 담이 있는 것으로 보아 강남 지역의 부유한 개인 원림園林으로 보인다. 탁자 위에는 서책과 두루마리, 다호 두 개 그리고 찻잔이 놓여 있다.

한국 회화 속의 차

고려와 조선 시대의 다화는 커다란 차이를 보인다. 작품 수는 적지만 고려의 다화가 사실화에 가까웠다면, 조선의 다화는 사실적 묘사보다 간략하고 상징적인 표현이 더 강조됐다고 할 수 있다. 조선 후기로 가면 그러한 성격이 더 강하게 나타난다.

　한국의 차 문화 기록 가운데 가장 오래된 것은 삼국시대까지 거슬러 올라가지만, 회화 작품은 고려시대의 것이 가장 오래됐다. 〈고사자오도高士自娛圖〉,[25] 〈고사위기도高士圍碁圖〉,[26] 〈고사오수도高士午睡圖〉[27]는 모두 고려시대의 다화로, 이 세 그림을 보면 고려 사람들이 어떤 다구를 사용해 어떻게 차를 마셨는지 알 수 있다.

고사자오도

먼저 〈고사자오도〉의 하단을 보면 차를 준비하는 모습이 보인다. 탁자 위에 놓인 다구로 미루어 차를 끓이고 있음을 알 수 있다. 탁자의 왼쪽 아래에는 다연이 있고 풍로 위에는 점차하기에 적합한 모양의 다병이 놓여 있다. 붉은 칠기의 잔받침이 쌓여 있고 다선도 보인다. 고려시대는 송 대와 마찬가지로 말차를 다선으로 저어서 마시는 점차법이 격식을 갖춘 차 마시는 방법이었다.

〈고사위기도〉는 뚜껑이 있는 잔인 개완이 그려진 것이 특징이다. 바둑을 두며 차를 마시는 것은 당시 송과 요에서도 유행한 풍류였고, 또 찻집의 풍경이기도 했다. 〈고사오수도〉는 버드나무 아래 한 선비가 두 손으로 턱을 받치고 앉아 낮잠에 빠진 모습을 보여준다. 선비는 평상에 몸을 구부정하게 기대고 있는데, 평상에는 음식 그릇과 찻주전자가 놓여 있다. 그리고 왼쪽 아래 바위 숲에 풍로가 보인다.

조선의 다화는 아쉽게도 초기의 작품은 전해지는 것이 없고, 16세기 이후 작품만 남아 있다. 16세기 다화로는 성종의 5대 후손인 이경윤의 〈산수인물도山水人物圖〉[28]와 〈관월도觀月圖〉[29]가 있다. 〈산수인물도〉에는 장대해 보이는 산수를 배경으로 홍포와 청포를 입은 두 선비와 그들을 따르는 두 동자가 등장한다. 그림과 관련해 전해지는 일화는 없으니 이렇게 상상을

고사위기도
고사오수도

산수인물도
관월도

해본다. 깎아지른 절벽 길 한쪽 평평한 바위에 청포를 입은 선비가 앉아서 벗을 기다리며 동자에게 차를 끓이게 하는데, 홍포를 입은 선비가 시중드는 동자를 데리고 막 도착한 것이 아닐까. 그림 오른쪽을 보면 나무 그늘 아래 동자가 화로 앞에 앉아 있고 그 옆을 하얀 학이 거닐고 있다. 모두 은일한 선비를 상징하는 것이다.

〈관월도〉는 〈월하탄금도月下彈琴圖〉로도 불린다. 달빛이 주는 아련한 느낌이 화폭에 가득하다. 달빛 아래 거문고 타는 선비와 그 뒤에서 차를 달이는 동자 둘 다 등을 보인 채 달을 바라보고 있다. 이경윤은 선비의 수염까지 세밀하게 그렸지만 거문고 줄은 그리지 않았다. 현이 없는 거문고를 타며 홀로 즐기는 선비의 달밤 풍류가 보이는 동시에, 화로 앞에 앉은 더벅머리 동자의 둥근 등이 왠지 안쓰러워 보인다.

조선 다화의 다수는 18세기 말에서 19세기 초의 작품이다. 86점 가운데 18점을 제외한 나머지(79퍼센트)가 모두 이 시기에 그려졌다.[30] 그렇다고 이 시기 사람들이 유독 차에 관심이 많았다고 말할 수는 없다. 그 이유는 그림을 보면 알 수 있다. 먼저 이상좌의 〈군현자명도群賢煮茗圖〉[31]를 보면 조선 다화에서 차가 의미하는 것이 무엇인지 알 수 있다. 〈군현자명도〉는 여섯 선비가 차를 마시기 위해 모인 장면을 그린 것이다. 여섯 선비는 제

군현자명도

각기 다른 자세로 앉아 있거나 서 있지만, 산만하지 않고 안정된 구도를 보인다. 선비의 시선을 모두 풍로 위 다병으로 모이게 한 것은 매우 의도적으로 보인다. 이러한 시선 처리는 그림의 안정감을 높여주는 동시에, 그림 속 차의 의미도 더욱 상징적으로 보이게 만든다. 결국 여기서도 차는 은일한 선비를 대변하는 것이다.

사실화보다 상징성이 높은 조선 다화의 특징을 잘 보여주는

초원시명도
선동전다도

그림으로 김홍도의 〈초원시명도蕉園試茗圖〉[32]와 이인문의 〈선동전다도仙童煎茶圖〉[33]가 있다. 두 그림에는 모두 다동과 사슴이 등장한다. 김홍도의 〈초원시명도〉는 파초 한 그루를 중앙에 세워 화면을 좌우로 나누었다. 오른쪽에는 동자가 돌아앉아 차를 끓이고, 왼쪽에는 차탁 뒤로 뿔 달린 사슴이 앉아 있다. 이는 차를 마시며 추구했던 신선 정신을 형상화한 것이다. 파초 또한 선비의 유유자적한 삶을 상징한다. 이러한 구성으로 볼 때 이 그림은 사실화가 아니라 선비의 삶이나 청렴한 생활 등을 상징적으로 그린 것이라고 할 수 있다.

이인문의 〈선동전다도〉에는 노송 아래서 더벅머리 동자가 부채질을 하며 차를 끓이고 있고 동자 뒤로 커다란 사슴이 웅크리고 앉아 있는 것이 보인다. 불로장생을 상징하는 노송 그늘 밑으로 듬성듬성 버섯이 솟은 것도 사슴과 함께 평온하면서도 상서로운 기운을 자아낸다. 노송 뒤로는 폭포수까지 고요히 흘러내리고 있어 마치 지상의 신선세계를 보는 듯하다. 왼쪽에는 "너와 사슴이 함께 잠들면 약 달이는 불길의 시간을 넘기리라"라는 간재艮齋 홍의영의 제시題詩가 적혀 있다.

이와 같이 사실화보다는 상징성이 강한 작품이 많은 것이 조선 후기 다화의 특징이었다. 따라서 화로 앞에 앉은 다동이 자주 등장하는 조선의 다화는 차 마시는 풍속의 유행을 반영했다기보다 문인의 품격과 선비 정신을 나타내기 위한 것으로 봐야 한다. 사실적인 표현보다는 상징적인 표현의 의미가 더 크다. 따라서 '찻물 끓이는 화로 앞에 앉은 다동'이라는 획일적인 모습이 화풍에 자주 담긴 것이 이상할 것이 없는 것이다.

일본 회화 속의 차

중국 송 대의 점차법을 받아들인 일본은 중국에서 말차 마시는 유행이 사라진 후에도 계속해서 말차를 마시는 전통이 이어져 오늘날까지 이르렀다. 이런 모습이 회화에도 잘 나타난다. 더불어 말차와 함께 잎차를 마셨다는 것도 확인할 수 있다. 차를 즐겨 마셨음을 알 수 있는 그림이 많고, 게다가 차를 마실 때의 구체적인 동작과 다구를 확인할 수 있는 사실화도 많이 남아 있다. 에도江戶시대(1603~1867)에 서민 생활을 기반으로 발달한 우키요에浮世繪라고 하는 목판화 양식의 풍속화가 유행한 것도 한 요인이었다.

　가마쿠라鎌倉시대(1185~1333)의 그림으로는 〈부동이익연기회권不動利益緣起繪卷〉[34]이 있는데, 승려의 생활공간에서도 차를 마셨음을 보여준다. 일본식 목조 건물이 보이는데, 방 안 오른쪽 위에 병든 고승이 한 여인의 간병을 받으며 누워 있고, 그

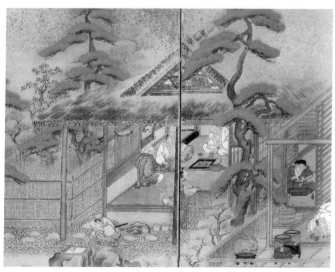

부동이익연기회권 부분
춘추유락도

앞쪽 공간에 여러 승려가 옹기종기 모여 앉아 있다. 화로 주변에는 청자로 보이는 다완이, 왼쪽 선반 위에는 칠기로 보이는 잔받침이 놓여 있다. 이러한 다구는 송 대의 점차 문화에서 보이는 것이다.

에도시대의 〈춘추유락도春秋遊樂圖〉[35]는 다실에서 승려와 무사가 모여 앉아 차 모임을 갖는 풍경을 그린 것이다. 화로 주변에 다완이 놓여 있고 다선이 세워져 있는 것도 보인다. 오른쪽의 별도 공간은 다실에 딸린 부엌水屋으로 보이는데, 그곳에서 한 사람이 석제 다마로 찻잎을 갈고 있다. 아직 다실에 들어가지 못한 무사는 긴 칼을 허리에 찬 채 쓰쿠바이蹲踞에서 손과 입을 씻고 있다.

우키요에(에도시대에 발달한 일본의 풍속화)의 선구자로 불리는 히시카와 모로노부菱川師宣의 〈가부키도병풍歌舞伎圖屛風〉[36]은 17세기 도시 생활의 일면을 볼 수 있는 그림이다. 당시 도시에는 과거의 귀족과 상층 무사가 독점하던 지식과 물건, 여가 활동 등이 도시민 누구에게나 제공되는 환경이 조성됐다. 그림도 대중화의 흐름 속에서 풍속화가 유행했다. '덧없는 세상'이라는 뜻의 우키요浮世라는 말 그대로 우키요에는 세속적이고 대중적인 주제의 목판화가 주류인 '덧없는 세상의 그림'이었다.

도시의 무사와 조닌町人(주로 상인과 수공업자)이 도시 문화의 주

가부키도병풍 부분

요 수혜자가 되면서 이들은 부의 정도에 따라 다양한 여가 활동을 즐겼다. 그 장소는 주로 가부키 극장과 유곽遊廓이었다. 여섯 폭 병풍으로 제작된 〈가부키도병풍〉은 유곽과 그 옆에 자리한 가부키 극장의 무대 뒤편 모습을 그린 것이다. 기녀와 더불어 한가한 시간을 보내는 유락객, 그 옆 가부키 극장에서 무대를 준비하는 배우의 모습이 다채롭게 묘사되어 있다.

마지막 폭 상단에는 네모난 탁자에 설치된 다구 세트 앞에서 차를 만드는 승려의 모습이 보인다. 이 승려가 연습 중인 배우인지, 아니면 배우에게 실제로 차를 제공하려는 승려인지는 알

가부키도병풍

수 없다. 하지만 유곽과 극장을 배경으로 한 그림에 차를 만드는 승려가 그려진 것은 한·중·일 다화에서 일본의 것이 유일하다. 유곽과 같은 유흥지에서 차를 마시는 일은 중국 송 대의 도시에서도 흔히 있었지만, 회화 작품에 자세히 남은 것은 없다. 이는 우키요에라는 회화의 한 형식을 이룬 일본 회화의 발전과 밀접한 관련이 있다고 볼 수 있다.

18세기의 문인화가 이케노 다이가池大雅의 〈낙지론도권樂志論圖卷〉[37](1750)은 중국의 일화를 주제로 한 중국풍의 독특한 그림이다. 후한後漢의 중장통仲長統이 쓴 《낙지론樂志論》을 주제로 하여 난세를 개탄하고 평화를 즐기는 은둔자의 생활을 묘사했다. 이렇게 은일한 문인의 생활을 주제로 한 그림은 한·중·일에서 공통으로 나타난다.

앞서 언급한 대로 에도시대에는 서민의 생활을 주제로 한 우키요에가 유행하면서 생활 문화 자료가 될 만한 많은 그림이 그려졌다. 우키요에를 보면 당시 사람들이 말차와 잎차를 함께 즐겼음을 알 수 있다. 특히 스즈키 하루노부鈴木春信와 이소다 고류사이磯田湖龍齋의 그림에 잘 나타난다. 그들은 격식이나 지위, 재력을 갖춘 자리에서는 센노리큐千利休(1522~1591)가 정립한 다도에 따라 여러 다구를 갖추고 말차를 마셨고, 경제적이고 편한 자리에서는 잎차를 우려 마셨다. 〈차노유茶の湯〉[38]와 〈이십

낙지론도권

차노유
가기야 찻집의 오센

이십사효 곽거

사효 곽거二十四孝 郭巨〉[39]에는 일본 다도에 필요한 다구가 세세하게 그려져 있다. 풍로에서 물이 끓어 수증기가 피어오르는데 여인의 손에 나무로 된 히샤쿠柄杓(물을 뜨는 다구)가 들려 있다. 풍로 주변에는 다완, 다선, 다호(말차를 담은 통)와 다시, 미즈사시水指(물통)가 놓여 있다. 반면 에도시대 3대 미인의 한 사람인 오센ぉ仙의 찻집을 주제로 한 〈가기야鍵屋 찻집의 오센〉[40]에는 풍로와 찻잔, 히샤쿠 외에는 별다른 다구가 보이지 않는다.

차놀이와
차
공간

투차

한·중·일의 투차(차 겨루기)는 시작된 시기는 물론 그 내용과
분위기가 사뭇 달랐다. 중국에서 투차는 차의 품질을 높이기
위한 경쟁으로 시작됐지만, 당·송 대에 이르면 품격 있는 교양
덕목으로 자리를 잡았다. 한국에서는 차를 잘 끓이고 태도와
예절을 살피는 정도에서 머물렀다. 일본에서는 무사의 요란스
러운 차 모임이었다. 도가노오차栂尾茶를 알아맞히는 데 경품
을 걸고 즐기는 무사의 놀이로, 주연酒宴과 함께 진행되는 떠들
썩하고 사치스러운 놀이였다.

투차는 중국에서 처음 시작됐는데, 기본적으로 차 생산지에
서 차의 품질을 놓고 벌이던 경쟁이었다. 이는 곧 지역의 축제

로 발전했고, 교양인의 품격 있는 취미로까지 자리를 잡으면서 당송 대에 크게 유행했다. 당 대의 대표적인 차 생산지였던 호주湖州와 상주常州의 투차를 살펴보자.

호주 장흥현과 상주 의흥현은 경계를 맞대고 있는 대표적인 자순차紫筍茶의 생산지다. 이곳에서는 매년 초봄에 햇차를 생산하면 '다산경회茶山境會'를 열어 품평을 하며 차의 우열을 가렸다. 다산경회는 지역의 축제이기도 했는데, 주변 지역의 관리까지 초대하고 풍악과 춤 공연도 벌이는 등 흥겨운 놀이의 장이기도 했던 것이다. 백거이白居易가 쓴 〈상주 가 자사와 호주 최 자사가 다산경회를 연다는 소식을 듣고 즐거운 연회를 부러워하며 이 시를 부침夜聞賈常州崔湖州茶山境會想羨歡宴因寄此詩〉[41]이라는 시에는 당시 다산경회의 분위기가 잘 묘사되어 있다.

멀리서 들려오는 다산의 밤에 두 지역 모임 소식
화려하고 흥겨운 연주와 노래 소리는 온몸을 휘감고
소반에 담긴 두 고을 차는 구분되어 있지만
등불 앞에 한 가족처럼 모여 봄차를 맛보네
예쁜 아가씨들 번갈아 춤추며 재색을 뽐내고
자순차 조심스레 맛보며 새 맛의 우열을 다투어보네
꽃 피는 봄날 북쪽 창 아래서 탄식한다네

부들술 곁에 두고 병들어 누운 내 자신을

이 시는 826년 다산경회를 준비하는 상주자사 가속賈餗과 호주자사 최현량崔玄亮에게 보낸 소주자사 백거이의 축시다. 낙마하여 자리에 누운지라 성대한 다산경회에 참석하지 못한 백거이의 아쉬움이 짙게 묻어난다. 아마도 이전에 참석했던 다산경회를 회상하며 축하시를 지었을 것이다. 매년 호주와 상주에서 개최되는 다산경회는 햇차의 생산을 축하하는 자리이기도 하고, 호주와 상주의 차를 겨루는 경연의 장이기도 했다.

호주의 자순차와 상주의 양선차陽羨茶는 당대 최고를 자처하는 차였다. 비록 육우는《다경》에서 지역별 차를 품평하며 절서浙西 지역에서는 호주의 차가 상품이고 상주의 차가 그다음이라고 했지만, 이 품평만을 절대 기준으로 삼을 수는 없다. 이 두 지역은 황제에게 바칠 차를 생산하면서 매년 개최되는 다산경회를 통해 품질 향상을 이루어냈다.

차 재배 지역을 중심으로 발전했던 투차는 송 대에 이르러 문인의 여가 생활과 교양 덕목의 하나로 자리 잡았다. 투차 과정은 차를 감별하고 가루를 내는 것에서부터 다구를 다루는 방식, 물에 대한 이해, 차 거품을 잘 형성하는 기술에 이르기까지 총체적인 숙련을 요구했다. 특히 휘종이《대관다론》에서 제시한

'칠탕점차법七湯點茶法'은 1~2분의 짧은 시간 내에 일곱 번으로 나누어 물을 부어 차를 타는 방법으로, 그 솜씨가 가히 '무료함의 극치로 이루어진 산물'이라는 표현이 맞을 정도로 정밀함을 요구했다.

일반적으로는 투차 하는 단계마다 그 과정을 즐기고 차에 대한 안목을 높이기 위해 노력했다. 탕병에서 끓는 물은 청각으로 가늠했다. 나대경羅大經이 말한 '송풍회우松風檜雨', 즉 솔바람 소리와 전나무에 빗방울 떨어지는 소리가 들리면 물이 끓었다는 신호다. 송풍회우를 들으면 탕병을 화로에서 꺼내 소리가 잦아들기를 기다렸다. 〈연차도〉와 〈비차도〉에 보이는 것과 같이 탕병의 긴 주둥이는 찻잔에 물을 따르기에 좋은 형태였다.

찻잔에 끓인 물을 부으며 다선으로 차를 저어서 탕화가 일어나게 하는데, 이때 차를 겨루는 내용은 탕화의 빛깔과 광택, 균일도 등이었다. 찻잔 내부의 가장자리와 탕화가 접촉하는 곳에 물의 흔적水痕이 발생했는지의 여부가 결정적인 패인의 요소였다. 즉 탕화가 빨리 흩어지면서 민저 물의 흔적이 나타나면 차 겨루기에서 지는 것이다. 최종적으로는 차의 색과 향, 맛이 우수하다는 품평을 얻어야 완벽한 승리라고 할 수 있었다.

문인의 교양이자 고상한 취미로서의 투차는 호사스러운 놀이임에 틀림없었다. 친구 장기가 보내준 건계차建溪茶를 받고 화답한 소식蘇軾의 시 〈장기가 보내준 차에 화답하여和蔣夔寄茶〉[42]를 통해서 그러한 일면을 들여다볼 수 있다.

친구가 아직도 옛적의 나로 보고
내가 좋아하고 숭상하는 게 그때와 같다 하고
사계차와 북원차를 굳이 나누고
어느 쪽이 먼저 거품이 가라앉나 겨룰 거라며
청아한 시 두 폭을 천리 밖에서 보내왔구나
여리고 귀한 차 백 덩이에 만 전을 쓰셨네
시 읊조리기와 차 마시기 두 가지 다 절묘해
잃어버릴까, 달라 할까 걱정하며 꽁꽁 묶어두었는데
늙은 아내와 어린 아들이 아까운 줄을 모르고
생강 넣고 소금 넣고 벌써 절반을 끓여 마셨네

이 시는 "살아오면서 모든 일 항상 인연에 따랐고, 물이든 땅이든 천지사방 편치 않은 곳 없었네"로 시작하여 "자네 어려운 객지 생활 풀리지 않은 걸 알기에 고마운 마음 시로 써 보내며 서로 새기려 하네"로 끝맺는다. 소식은 차도 즐겼지만 1074년 산동으로 온 이후에는 산동의 조밥과 신맛 나는 장도 기꺼이 즐기고 있었다. 그러던 차에 받은 건계차 선물은 고맙고도 친구의 경제 사정이 걱정스러운 것이기도 했다. 당시에는 소식의 늙은 아내가 마시던 방식처럼 생강과 소금을 넣고 많은 양의 차로 끓여 마실 수 있는 저가의 차도 있었지만, 문인이 즐기는 투차에 사용했던 차는 사계차와 북원차 같은 고가의 차였다. 그런 고가의 차를 안목도 없이 절반이나 생강과 소금을 넣고 끓여 마신 아내가 곱게 보였을 리 없다.

문학 속의 차

차는 사람들이 삶에서 겪는 여러 감정을 투영해 표현하는 통로 구실도 했다. 많은 문학 작품에서 사람들은 차를 통해 사랑과 우정 등 온갖 희로애락을 교류하고 표현했다. 차를 찬미하기도 하고 차를 통해 생각과 감정을 표현하는 등 시대를 관통하는 사람들의 마음이 문학 작품 속에 녹아 있다.

〈교녀시嬌女詩〉는 최초의 다시茶詩로 꼽힌다. 이 시에서는 자식 사랑이 묻어나는 3세기의 아버지를 만날 수 있다. 예나 지금이나 딸 바보 아빠는 흔했던 듯하다. 좌사左思가 지은 〈교녀시〉를 보면 말썽꾸러기 어린 딸이 그저 예쁘기만 한 아버지의 마음이 잘 드러난다. 〈교녀시〉는 중국의 시 가운데 차를 소재로 한 최초의 것이고, 예쁜 여성을 찬미하는 시로서도 첫 번째 것이다.

〈교녀시〉에서 좌사는 10대 초반의 예쁜 두 딸에 대한 사랑을 절절하게 표현한다. "우리 집에 어여쁜 여자아이가 있는데 하얀 얼굴이 달빛처럼 눈부시지"로 시작되는 56구의 긴 시에서 좌사는 어린 두 딸이 즐겁게 노는 모습을 묘사하면서 두 딸의 생김새는 물론이고 행동과 취향 그리고 재기발랄함에 이르기까지 자랑을 끊임없이 늘어놓으며 딸 사랑을 숨김없이 드러낸다.

〈교녀시〉가 차를 소재로 쓴 최초의 시라고 평가되는 것은 "차를 몹시도 마시고 싶은 마음에 솥에다 훅훅 입김을 부네"라는 구절이 있기 때문이다. 집 안팎을 돌아다니며 즐겁게 놀던 아이들이 빨리 차를 마시고 싶은 마음에 화로 앞에 구부리고 앉아 찻물 끓이는 것을 재촉하는 모습을 사랑스러운 시선으로 표현했다.

좌사는 서진西晉의 유명한 시인으로, 산동 임치臨淄 사람이고, 낙양지귀洛陽紙貴[43]라는 고사 성어를 만들어낸 일화가 생겼을 정도로 문학가로 유명했다. 그의 활동 지역은 주로 산동과 하북, 하남이었다. 3세기에 이미 차나무가 자라지 않는 지역이라고 해도 사회 상층에 해당하는 일부 집안에서는 차를 마셨음을 알 수 있다. 또 차가 어른의 점유물이 아니라 가족 모두 즐기는, 아이까지도 마시는 음료였음을 알 수 있다.

빛나는 우정을 차를 시제로 한 화답시로 나눈 이들도 있었다. 춘추시대에 관중과 포숙이 있었다면, 당 대에는 피일휴와 육구몽이 있었다. 사람들은 이들의 우정을 부러워했다. 관중과 포숙은 '관포지교管鮑之交'라는 말이 후세에 남을 만큼, 피일휴와 육구몽은 '피륙皮陸'이라고 불릴 정도로 친밀했다. 이들은 서로 시문으로 화답하며 평생 가까이 교류했는데, 그들이 교류한 화답시문은 《송릉집松陵集》 10권으로 엮여 오늘날까지 전해진다. 그중 차를 주제로 한 시로 피일휴가 〈다중잡영茶中雜咏〉을 지었고, 이에 화답하여 육구몽이 〈봉화다구십영奉和茶具十咏〉을 썼다. 피일휴와 육구몽의 화답시에서 다구의 범위는 기물을 넘어서 장소와 사람으로까지 확대된다. 두 사람은 다오茶塢(차 마을), 다인茶人, 다순茶筍(차 싹), 다영茶籝(차 바구니), 다사茶舍, 다조茶竈, 다배茶焙, 다정茶鼎, 다구茶甌(차 사발), 자차煮茶를 주제로 삼아 시를 주고받았다. 차나무를 심은 마을과 찻잎 따는 사람까지 다구의 범위에 넣은 것이다. 차와 기물이라는 범위를 깨고 공간과 사람으로까지 범위를 넓혀 다구를 자연 자체로 승화시켰다고 볼 수 있다.

첫 번째 시제인 '다오'에서 피일휴는 "차를 심은 마을에는 여름이 되면 하얀 차꽃이 흰 비 되어 날린다"라고 그 아름다운 정경을 읊었다. 이는 마치 고향 보리甫裏에서 다원을 운영하며 차에 빠진 육구몽의 생활을 아름답게 표현한 것 같다. 이에 육구몽은 "어디서든 바위 가득한 곳에서 새벽이슬 받은 봄차를 기대할 수 있다오"라고 화답했다. 한 사람은 차나무가 무성해 여름이면 흰 차꽃이 하얀 비가 되어 날리는 친구가 사는 아름다운 곳을 그리워하고, 그곳에 사는 친구는 깊은 산 바위 사이에서 봄날 새벽이슬을 먹고 자란 찻잎으로 친구를 맞을 준비를 한다. 고향처럼 느껴지는 친구의 품이다. 두 사람은 이렇게 아름다운 시문을 함께 나누며 평생 우정을 이어갔다.

문학에서 연시戀詩는 빠질 수 없는 요소다. 남녀의 사랑은 시대를 초월하는 시제였다. 애정이 넘칠 때의 마음과 행동은 시대가 달라도 크게 다르지 않은 듯하다. 당 대의 시인 최각崔珏이 쓴 〈미인에게 차를 맛보게 하다美人嘗茶行〉[44]를 보면 사랑하는 여인에게 차를 마시게 해주려는 남자의 행동이 묘사되는데, 요즘 남자와 비교해 그리 다르지 않다.

구름 같은 머릿결 베개에 떨구고 곤한 봄잠에 빠졌는데
서방님은 맷돌에 고이 갈아 말차를 만드네
살며시 앵무새 시켜 창을 쪼아 소리 내게 하여
아리따운 미인의 깊이 든 잠 깨웠네
은병에 담은 샘물 한 그릇
송풍회우 소리에 차 거품 익네

앵두 같은 입술로 푸른 구름 마실 때

목 안으로 향기 마시니 상쾌한 예쁜 얼굴

밝은 눈망울 점차 열리니 가을 물 어린 듯

거문고 뜯어보나 취한 마음 일어나

탁자 앞에 앉아 금쟁을 밀쳐놓고

말없이 생각에 잠기네, 꿈속 일을

반면 송 대의 시인 육유陸游는 애절한 연시를 남겼다. 그의 시 〈차를 맛보다가試茶〉는 헤어진 아내를 잊지 못하는 심정으로 가득하다.

매 발톱 같은 푸른 찻잎이 놀라 싹텄으니

물 끓여 백옥같이 뜬 차탕을 보리라

졸음을 백리 밖까지 쫓아내고

술은 이름조차 꺼낼 수 없다네

일주차 불에 쪼이는 향기에 옛 추억 담겼고

곡렴수로 차 맛 보러 여산 갔던 일 생각나네

은병과 동맷돌 제대로 갖추어놓았지

애달파라, 가녀린 손 차 사발 받쳐주던 그녀

아내와 함께 차를 마시며 즐겁게 보내던 시간이 시에 나타난다. 소흥紹興 회계산會稽山 일주령日籌令에서 나는 일주차의 향기에도 아내와의 추억을 떠올렸다. 동맷돌로 차 갈고 은제 다병으로 물 끓여 차를 타서 손에 받쳐 들고 차를 권하던 아내의 모습을 그리워하며 쉬이 잊지 못하는 마음을 토로했다.

남편을 그리워하는 아내의 심정도 차를 빌려 기록됐다. 전근대시대 여성의 삶은 한계가 있었기 때문에 여성의 글은 상대적으로 많은 편이 아니지만, 이청조李淸照의 글은 중국 문학사에서 굳건히 한 자리를 차지한다. 그녀는 명망 있는 집안에서 태어나 좋은 교육을 받으며 성장했다. 문학적 자질이 높은 그녀의 글 솜씨는 일찍부터 두각을 보였고, 자칭 이안거사易安居士라고 했다. 그녀의 남편 조명성趙明誠은 금석학자로, 그가 이청조의 재능을 시기하지 않았던 것은 아니지만, 그들은 대화가 통하는 동지애로 가득한 부부였다. 조명성의 책 《금석록金石錄》(1132)에 〈후서後序〉[45]를 쓴 이도 이청조였다. 여기에는 이들 부부가 금석과 서화를 수집하며 함께 즐거워하던 일상의 행복이 다음과 같이 묘사되어 있다.

매번 식사가 끝나면 귀래당歸來堂에 앉아 차를 끓이면서 남편과 차 마시기 내기를 하곤 했다. 쌓아놓은 책과 역사서를 가리키면서 어떤 사건이 어떤 책 몇 권 몇째 줄에 있는지 맞히는 것이었다. 이것으로 차 마시는 순서를 정하곤 했다. 맞히면 찻잔을 들고 크게 웃으며 차를 마셨고, 틀리면 차를 마시지 못하고 일어났다.

조명성은 비문碑文을 사거나 서책과 골동품을 구입하기 위해 옷을 저당 잡힌다거나 가진 돈을 다 쓰는 사람이었다. 이청조 역시 진귀한 노리개나 장식품보다는 서책과 금문 등을 수집하는 것을 즐거워했다. 또 그와 관련된 지식을 견주며 노는 것이 이들 부부가 가진 일상의 즐거움이었다. 하지만 이청조는 전란 속에 남편을 잃고 말년을 타향에서 고독하게 지냈다. 그녀의 시 〈자고천鷓鴣天〉[45]에서 이런 내용을 읽어낼 수 있다. 〈자고천〉은 그녀가 북송의 멸망으로 고향을 떠나 강남에 내려와 쓴 작품이다. 술과 차를 마시며 풍류를 즐기는 듯하지만, 쓸쓸한 타향살이와 고향에 대한 그리움이 짙게 배어 있다.

차가운 날 스산하니 창문을 닫아걸며
오동나무에 서리 내리는 밤 원망해보네
술자리 끝난 뒤 단차의 쌉쌀한 맛 더 좋고
꿈 깨고 나니 용뇌의 향기腦香 오히려 즐겁구나
가을은 저물어가고 하루 해 길기만 한데

중선은 먼 고향 생각하고 더욱 슬퍼했다지

분수에 맞게 술동이 앞에서 취하는 게 나아

동쪽 울타리 노란 국화를 저버리지 말아야 해

모든 곳이 차 공간

차를 마시기 좋은 곳이 곧 차 공간이다. 솔바람 부는 숲도 그런 곳이고, 한적한 샘물가도, 경치 좋은 바위 위도, 차분한 동굴 속도 차 마시기 좋은 곳이다. 펼쳐진 공간이든 닫힌 공간이든 자연에 동화될 수 있고 정갈하고 조용한 곳이라면 차 마시기에 거리낄 것이 없다.

육우의 《다경》에서도 숲, 물가, 동굴 등 어디서든 간략한 다구를 갖추고 편하게 차를 즐기라고 했다. 하지만 도시의 실내 공간에서 차를 마실 때는 모든 다구를 갖추라고 했듯이, 차는 엄격한 형식을 지키는 데서 완성된다고 여겼다. 이는 차가 단지 갈증을 해소하는 음료만이 아니라, 감상이나 정신 수양 등을 추구하는 매개체라는 의미다. 육우는 별도의 차 공간을 제시하지는 않았지만, 비단 네 폭 내지 여섯 폭에 《다경》의 내용을 적어서 차를 마시는 공간 한쪽에 걸어두고 차의 모든 것을 생각하면서 마시라고 했다. 이는 차를 마시는 과정이 결코 쉽지 않음을 뜻한다.

풍류를 즐기는 다인은 자연을 감상하며 차 마시는 것을 선호했다. 그래서 한적한 전원생활을 고집하기도 하고 풍광 좋은 장소를 찾기도 했다. 강릉의 한송정寒松亭도 그런 곳이었다. 한송정은 신라의 선랑仙郎(화랑)이 노닐었던 곳이라는 전설까지 내려오는 명승지였으나, 12세기 이전에 이미 다정茶亭으로서는 쇠락한 상태였다. 고려의 김극기는 〈한송정〉이라는 시를 지어 "여기가 네 선랑이 노닐던 곳, 지금까지 남은 자취 기이하구나. 술 마시던 자리 기울어 수풀 속에 묻혔고, 차 달이던 아궁이는 이끼 긴 채 나뒹구네"라며 안타까워했다.

한송정은 그 지역 사람들이 철거했다. 너무 많은 유람객이 찾아왔기 때문이다. 마을 사람에게 한송정은 관리나 높은 신분의 유람객이 찾아오면 뒤치다꺼리나 해야 하는 장소로 여겨졌다. 다수가 함께 누리지 못할 때 쇠락하는 것은 자연스러운 흐름이다.

차 마시는 공간은 차를 완성하는 공간, 수양의 공간이었지만, 한편 휴식과 사교의 장이기도 했다. 휴식과 사교를 위해 찾는 차 공간은 대개 상업 시설이었다. 중국에서는 그러한 차 공간의 명칭으로 다료茶寮, 다실茶室, 다사茶肆, 다방茶房, 다루茶樓, 다탄茶攤, 다관茶館 등이 사용됐다. 차가 생활 문화로 자리 잡은 지역에서는 거리마다 규모와 시설이 다양한 찻집이 즐비하게 들어서곤 했다. 지나가는 길에 간편하게 마실 수 있는 노점에서부터 호화로운 치장을 한 큰 찻집에 이르기까지 차 마시는 사람이 다양한 만큼 찻집의 모습도 다채로웠다.

다실, 그 허구의 미학

일본은 의례를 중시하는 독특한 차 공간을 확립했다. 바로 시골의 작은 초가집 같은 형태의 다실이다. 정유재란 때 일본에 포로로 잡혀갔다가 1600년 4월에 귀국한 강항姜沆이 남긴 〈승정원에 나아가 임금께 올리는 글詣承政院啓辭〉⁴⁶ 가운데는 일본 다실에 관한 다음과 같은 내용이 실려 있다.

> 궁실의 후원에는 송죽松竹과 기화奇花, 요초瑤草를 줄줄이 심었는데, 아무리 먼 곳에 있는 식물이라 할지라도 모두 가져다놓았다. 그 속에 다실을 만든다. 다실의 크기는 배만 하다. 띠로 지붕을 엮어 덮고, 황토로 벽을 바른다. 문에는 대나무 부채를 가로로 건다. 극도로 검소하게 꾸민 다음, 작은 구멍을 내어 겨우 드나들 수 있게만 한다. 상객上客이 오면 구멍을 열고 맞아들여 그 안에서 차를 마신다. 대개 그들의 저의는 사람들에게 질박하고 검소한 것을 보여주려는 것

만이 아니라, 차를 마시며 담소하는 사이에 갑자기 알력이 발생할 수 있기 때문에 휘하의 무리를 멀리 격리해 뜻밖의 변을 방지하자는 것이라고 한다.

강항은 일본의 다실을 정확히 설명한다. 일본의 초암다실草庵茶室은 '시중산거'로 표현되듯이 소박하고 자연적인 공간인 듯 보이지만, 사실 철저하게 관리된 인위적인 공간이다. 이렇게 철저히 이중적인 모습이 일본 초암다실이 가진 특징이다. 또 그 인위적 자연을 실제보다 더 실제처럼 인식하게 되는 '허구의 설득력'이라는 묘한 위력을 발휘해온 것이 일본의 다실과 다도가 가진 매력이다. 이는 일본의 다실이 동양의 차 문화 근저에 깔려 있는 현실로부터 벗어나고자 하는 심리의 응집을 실천하는 공간이기 때문일 것이다.

차 마시는 공간의 독립적 형태가 강하게 나타나는 것이 일본 차 문화의 특징이다. 일본에서 다실이라고 하는 특정한 공간이 확립된 것은 단순히 차를 마신다는 행위뿐만 아니라, 그것을 통한 정치적·사회적·문화적 의미가 더해짐으로써 가능한 것이었다. 무사시대에 상급 무사가 다실을 소유하고자 했던 것은 단순히 개인의 취향 문제에 국한된 것이 아니었다는 의미다. 강항의 글에서도 알 수 있듯이, 다실 안에서 이루어지는 행위와 관계는 통치에 커다란 영향을 미쳤다.

일본에서 초암다실로 대변되는 다실이 확립되는 과정은 무사 문화의 확립 과정과 맥을 같이한다. 귀족 문화를 답습하여 넓고 화려한 공간에서 요란하게 투차를 즐기던 것에서 선종 문화를 바탕으로 재정립된 다실을 통해 무사 사회의 통치 방식이 응집되는 모습을 다실 공간에서 찾을 수 있다.

일본의 다실은 무가 주택에 쇼인즈쿠리書院造 양식이 도입되면서 확립됐다. 원래 쇼인은 승려의 서재를 말하는데, 무사의 집에 이 양식이 적용되면서 도코노마床の間(그림이나 글씨, 꽃 등으로 장식하는 공간), 지가이다나違い棚(벽에 설치한 붙박이 선반), 쓰케쇼인付書院(책상의 기능을 하는 창턱) 등을 설치하게 됐다.

접객接客 공간이 중시되면서 그림을 걸어 장식하는 것이 유행했는데, 그 장식 공간이 도코노마다. 도코노마는 3면으로 둘러싸인 공간 한쪽 벽에 그림을 걸고 그 아래쪽에 화병이나 향로 등을 놓는 식으로 장식했다. 도코노마 옆 햇빛이 잘 드는 방향에는 창과 함께 쓰케쇼인이 설치됐다. 쓰케쇼인은 본래 창 앞에 턱을 마련해 책상의 기능을 하게 만든 것이었다. 또 장식품과 골동품의 진열과 보관을 위한 공간인 지가이다나와 벽장 내지 찬장 등을 두었다. 이런 곳에 값비싼 다구를 진열함으로써 재력과 교양 수준을 드러냈다. 이러한 장식과 함께 다다미방의 접대

공간인 자시키座敷가 조성됐다. 이로써 중국 선원의 입식 다례가 일본의 좌식 다도로 변화했다.

일본의 다실은 서원다실에서 초암다실로 발전했다. 서원식과 초암식을 구분하는 기준의 하나는 다다미(180×90센티미터) 네 장 반의 크기다. 이 기준을 만든 사람은 바로 무라타 주코村田珠光다. 넓은 공간에서 열리던 무사의 차 모임은 다다미 네 장 반 크기의 서재 공간으로 옮겨졌다. 최초의 독립적인 전용 다실은 은각사銀閣寺 동구당東求堂의 동인재同仁齋다. 서원에서 승려가 사용하던 서재의 기능성을 그대로 가져와 동인재를 지었다. 다다미 네 장 반이 깔려 있고, 한쪽 벽면에 지가이다나와 쓰케쇼인이 설치되어 있다. 지가이다나와 쓰케쇼인은 원래 책이나 문구류를 정리하는 공간이면서 동시에 책상으로 쓰였다. 이것이 다실에 설치되면서 본래의 기능은 사라지고 장식 공간이 됐다.

초암다실로 오면 장식적인 기능은 도코노마의 벽면에서만 이루어지고, 큰 창을 내지 않았기 때문에 쓰케쇼인은 사라졌다. 지가이다나도 초암다실의 상징과 어울리지 않았다. 다실 내부를 아주 단출하게 꾸며 상징성을 높이는 효과를 극대화했다. 초암다실은 외부 세계와의 단절과 자연에의 순응이라는 공간적 상징을 위해 좁은 출입구와 최소 규모의 창으로 구성된다. 도코노마는 극도로 절제된 아름다움을 통한 자연 회귀라는 상징성을 보여주는 공간이 됐다. 따라서 한 폭의 서화나 묵적, 화병 하나 정도로 장식하는 데 그쳤다.

차를 마시는 공간인 다실을 방문하는 손님은 로지露地를 통해 출입했다. 초암다실로 들어가는 통로인 로지는 다실의 전용 정원이면서 본채 공간과 다실을 연결하는 통로이고, 현실인 외부와 단절하는 공간이다. 그 공간이 보여주는 한적하고 아련한 정취는 매우 소박하고 자연적인 공간이라는 착각마저 불러일으킨다. 사실은 철저히 관리된, 떨어진 낙엽의 위치까지 설정했다고 할 정도로 의도적인 공간이다. 하지만 이 공간은 바깥 세계와의 단절과 괴리라는 기능을 잘 수행한다. 이로써 허구적 공간의 설득력이 발생하기 시작한다.

로지를 지나 다실 앞에 도착한 손님은 니지리구치躪口라고 하는 허리를 굽혀야만 들어갈 수 있는 66×63센티미터 정도의 작은 출입구를 지나 안으로 들어간다. 이 출입구는 긴 칼을 차고는 지나갈 수 없었다. 문밖에서 무장을 해제하고 허리를 구부려 무릎걸음을 해야 들어갈 수 있다. 그래야 현실의 모든 것과 단절하고 좁은 공간에서 차를 통한 새로운 세계를 체험할 수 있었다.

남방의 아름다운 나무, 차

남중국에서 북중국까지

육우와 《다경》

일상의 차

잎차의 시대로

중국

차 문화의

흐름

차
아름다운
나무
남방의

기록을 따라서

중국인에게 차는 '개문칠건사開門七件事(아침에 문을 열어 하루를 시작하면서부터 필요한 중요한 일곱 가지 물품, 즉 땔나무·쌀·기름·소금·장·식초·차)', '일상다반사日常茶飯事(차를 마시거나 밥을 먹는 것같이 일상적인 일)'라는 말이 생겼을 정도로 생활 속에 깊이 뿌리내렸지만, 처음부터 그랬던 것은 아니다. 고대 중국 문화의 중심지라고 할 수 있는 중원中原에서 보면 남쪽의 것은 이질적이었다. 그것이 중심지로 스며들어 익숙한 것으로 받아들여지기까지는 오랜 시간이 걸렸다.

청 대의 고증학자 고염무顧炎武는《일지록日知錄》권7〈도차茶〉에서 "진秦이 촉蜀 지역을 병합하고 난 이후 비로소 차 마시는 일이 있었다"라고 했다. 차를 마시는 풍속이 오랫동안 파촉巴蜀 지역에 한정되어 있다가 진에 의해 중국이 통일되는 과정에서 문화 교류가 활발해져 이 지역 밖으로 전파되기 시작했다는 것이다. 이러한 흐름의 이해는 다른 문헌에서도 확인할 수 있다.

기원전 2세기경의 자서字書인《이아爾雅》에는 "가檟는 고도苦荼다"라고 기록되어 있다. 이에 대해 4세기 전반기의 곽박郭璞은 "나무 모양은 치자나무 같고 겨울에 잎이 자란다. 끓여서 국을 만들어 마신다可煮作羹飲. 지금 사람들은 일찍 딴 찻잎을 도荼라고 한다. 늦게 채취한 찻잎을 명茗이라 하는데, 일명 천荈이라고도 한다. 파촉 지역 사람은 고도라고 한다"라고 주석했다. 이로써 차를 의미하는 글자로 '가', '도', '명', '천' 등이 있었고, '고도'라고도 불렸음을 알 수 있다. 이들 글자는 8세기에 이르러 지금 사용하는 '차茶'로 통일됐다.

또한 찻잎을 끓여서 국처럼 먹는 '갱음羹飲'이 차를 마시는 최초의 형태라고 하겠다. 먹는 것에서 바로 마시는 것으로 발전한다는 것이 개연성을 갖기 어려운 것처럼 '갱음' 했다는 사실 하나만으로 독자적인 음료의 영역을 확보했다고 단언하기는 어렵다고 생각할지 모른다. 그러나 차 마시기가 일찍이 독립적인 음료의 영역을 차지했다는 사실은 한 대의 기록인〈동약僮約〉을 보면 알 수 있다.〈동약〉은 기원전 59년에 작성된 노비계약서를 내용으로 하는데, 여기에는 노비가 해야 할 일이 달별, 계절별로 조목조목 기재되어 있다. 그 가운데 차를 끓이고 차를 구매하는 일이 포함되어 있어 당시 차가 음료로서 독립적인 위치에 있었음을 알 수 있다.

차가 음료로 만들어지는 제차법이나 마시는 방법 등에 관한 구체적인 증거는 삼국시대가 되어야 나타난다. 3세기에 위魏 사람인 장읍張揖이 지은《광아廣雅》에는 다음과 같이 차를 만들고 마시는 방법에 대한 내용이 실려 있다.

형荊과 파巴에 이르는 지역에서는 찻잎을 따서 병차를 만들고 쌀죽을 발랐다. 마실 때는 먼저 구워서 붉은색이 돌게 한 후 찧어서 가루로 만든다. 도자기 그릇에 넣고 끓는 물을 붓고 뚜껑을 덮는다. 파, 생강, 귤을 넣어 끓이기도 한다.

이렇듯 처음에는 차를 단독으로 마신 것이 아니라 파나 생강, 귤 등을 넣어서 끓여 마셨다. 이는 맛을 돋우기 위한 것과 건강을 위한 것 두 가지 목적이 있었다고 볼 수 있다.

이렇게 오랫동안 차 마시기는 사천四川 등 서남 지역에 한정되어 있다가 점차 차나무의 자연 생장이 가능한 주변 지역으로 퍼져 나갔다. 사천에서 양자강 하류를 따라 보급되어 차를 만들고 마시는 방법이 기록으로 남을 정도가 된 것이다.

차 문화의 요람 사천

사천에서는 오래전부터 차를 마시기 시작해 일찍이 차 문화가
형성됐고, 그 문화를 앞서 이끌어 나갔다. 사천이 이러한 지위
를 차지하게 된 것에는 무엇보다도 차나무가 자라기 적합한 자
연 환경을 갖추었기 때문이다. 전근대시대 사천은 최대 차 생산
량을 보일 만큼 차 생산이 활발했다.

차 문화의 요람이라고 불리는 사천 지역에서 언제부터 차를
마시기 시작했는지는 정확히 알 수 없지만, 기록에 따르면 대체
로 은과 주의 교체기(기원전 1027년경)까지는 소급할 수 있다.《화
양국지華陽國志》에는 주周 무왕武王의 지배를 인정하면서 파촉
에서 진공한 물품 가운데 차가 있었다는 기록이 나온다. 고대
폭군의 상징인 주지육림酒池肉林의 일화를 가진 은의 마지막 왕
주紂를 토벌하려는 무왕은 파촉 군대의 지지를 받았다. 파촉의
군사는 용맹함과 날카로움, 노래와 춤으로 은을 물리쳐 공적을
높였다. 파촉은 작위를 받고 지역의 산물을 진공했는데, 이때
공납품 가운데 차가 있었다.《화양국지》에는 사천 지역 가운데
서도 부릉涪陵과 평이平夷에서 차가 생산되며, 십방什邡의 산에

서는 좋은 차가 나고, 남안南安과 무양武陽에서도 명차가 난다고 기록돼 있다. 이것이 347년경 편찬된 후대의 기록이라는 점을 감안한다고 해도, 사천 지역에서 차 문화가 일찍부터 시작됐다는 사실만은 분명하다.

또《화양국지》에서는 차나무의 초기 인공 재배에 대한 단서도 찾아볼 수 있다. 파국巴國의 "동산에는 방약芳蒻과 향명香茗"이 있다고 했는데, 여기서 향명은 차를 뜻한다. 동산에 차가 있다는 것은 그것이 야생차가 아닌 경내에 심은 차나무, 즉 인공 재배 작물임을 의미한다.

야생 차나무 외에 초기 차나무 재배는 주로 사찰의 승려에 의해 이루어졌다.《사천통지四川通志》에 남아 있는 한 대의 기록에는 "사천 명산현名山縣 인근의 몽산蒙山에 있는 감로사甘露寺의 승려는 수도를 하며 몽산 꼭대기에 차나무를 심었다"라는 내용이 나온다. 차 수요가 높아지고 상품으로 생산하게 되면서 차 재배에 대한 민간의 관심도 높아졌을 것이고, 점차 야생 차나무에 의존하는 비율이 줄어들면서 다원이 조성됐던 것이다. 그러나 이는 좀 더 시간이 지난 후의 모습이다. 사람들은 오랫동안 야생 차나무에 의존했다.

노비계약서? 노비 길들이기!

기원전 59년 왕포王褒가 쓴 〈동약〉에는 '사천 지역에서 어떻게 차를 마셨는지' 가늠해볼 수 있는 아주 재미있는 내용이 나온다. 방자한 노비 길들이기가 주요 스토리인데, 왕포와 과부 양혜 그리고 노비 편료가 등장한다. 성도成都에 사는 양혜라는 여인은 남편이 죽은 후 집안을 꾸려가게 됐다. 그녀에게는 편료라는 골치 아픈 노비가 하나 있었다. 여주인을 업신여기고 손님을 타박하니 팔아버리고 싶은 마음이 굴뚝같았지만, 사겠다는 사람이 없어서 애를 태웠다. 궁리 끝에 양혜는 죽은 남편의 절친한 친구였던 왕포에게 도움을 청하게 됐다. 왕포는 이 방자한 노비를 길들이고자 양혜에게 돈을 지불하고 편료를 사고는 철저한 노비계약서를 작성했다.

왕포가 편료에게 제시한 노비계약서에는 노비가 매일 해야 하는 많은 일이 기재되어 있었는데, 그중에 '차를 끓이고 도구를 갖추어놓는 일烹茶盡具'이 있었다. 여기서 도구는 보통 넓은 의미의 식기로 보지만, 다구로 해석하는 것도 무리는 아니다. 그렇다면 이는 다구에 관한 최초의 기록이다. 매일 차를 끓여 마셨으며, 전용 용기를 사용했다는 것이 아닌가.

또 다른 중요한 내용은 차를 사러 가야 한다는 조항이었다.

노비가 해야 할 일 가운데는 매년 2월에 햇차를 사러 무양에 다녀와야 하는 일武陽買茶이 있었다. 이는 서력이 시작되기도 전에 이미 사천 지역에서는 차 생산지를 중심으로 차 시장이 형성됐다는 사실을 보여주는 의미 있는 기록이다. 당시 이미 상품으로 차가 판매됐다는 것이고, 햇차가 생산되는 봄이 되면 1년치 차를 사러 차 시장에 다녀오는 것이 연중행사의 하나였음을 알 수 있다.

〈동약〉의 기록에서 '차茶'로 해석한 '도茶'라는 글자에는 차의 뜻만 있었던 것은 아니고, '쓴 채소'라는 뜻도 있었다. '차茶'라는 한자는 당 대에 들어와야 통일되어 쓰이기 시작한 후기의 글자이고, 기원전 1세기에는 사용되지 않았다. 〈동약〉에서 사용한 '도'를 '차'로 해석하는 가장 설득력 있는 이유는 '2월에 무양까지 가서 햇차를 사와야 한다'는 내용 때문이다. 방자한 노비 편료가 살고 있는 성도에서 무양까지는 하루에 40킬로미터씩 걷는다고 할 때 이틀이나 걸리는 먼 거리였다. 쓴 채소 하나를 사러 가기에는 너무 먼 거리임에 틀림없다. 왕복 나흘을 걸어가서 사와야 하는, 그것도 봄에 구입하는 특별한 것이라는 의미에서도 차로 해석하는 것이 훨씬 설득력 있다. 또 현존하는 가장 오래된 중국의 지리지인《화양국지》에 '무양이 명차의 산지'라는 기록이 있다는 사실도 이 해석이 옳다는 사실을 증명해준다.

차 마시는 사람

차를 마시는 습관은 차나무가 자랄 수 있는 지역으로 먼저 퍼졌다. 차가 생산되는 지역에서 차 마시기는 친근하고 익숙한 것이었으나, 차가 생산되지 않는 지역으로 차가 보급되는 데는 오랜 시간과 과정이 필요했다. 차 마시는 사람에 대한 기록은 일찍이 상층에서 먼저 나타난다. 이는 문헌 기록이 지배층을 중심으로 쓰였기 때문이기도 하고, 차의 인공 재배가 활발해지기 전까지는 서민층의 차 마시기가 제한적일 수밖에 없었기 때문이기도 하다.

일찍이 많은 일화를 통해 차의 다양한 의미를 살펴볼 수 있는데, 먼저 차에 검소하다는 의미가 매우 일찍부터 부여됐음을 알 수 있다. 기원전 6세기에 살았던 안영晏嬰은 제나라 경공景公의 재상으로 있을 때 주로 거친 현미밥과 새구이 세 꼬치, 알 다섯 개, 차와 나물을 먹었다고 한다. 재상의 식단치고는 검소했다고 할 수 있다.

진晉나라의 육납陸納은 오흥태수로 있으면서 손님이 오면 관직이 높거나 낮거나 상관없이 차와 과일만으로 대접했다. 이러한 검소한 태도를 그는 평소의 업이라고 자부했다. 환온桓溫도 양주의 지방관으로 있을 때 검소한 성품대로 연회장에서도 차와 과일만을 냈다. 유곤劉琨은 번민으로 심신이 어지러워지면 차를 마신다고 했다. 차가 가진 각성효과를 옛사람도 매력적인 차의 작용으로 여겼던 듯하다.

남제의 무제는 본인의 영전에 가축을 희생 제물로 사용하지 말라고 유조를 내리면서 대신 떡, 과자, 차, 마른 밥, 술과 육포만을 쓰라고 했다. 이는 차를 제사에 사용했다는 가장 이른 기록이다.

삼국시대 오나라의 손호孫晧와 위요韋曜의 일화도 차와 관련해 빠지지 않는다. 손호는 연회를 베풀지 않고는 하루를 마치지 않을 정도로 연회를 즐겼다. 술은 빼놓을 수 없는 음료였다. 총 일곱 되로 제한했지만 모두 마셔야 했다. 그런데 위요의 평소 주량은 두 되에 지나지 않았다. 손호는 몰래 그에게 차를 내려줌으로써 술을 대신하게 하여 예우했다고 한다.

이런 기록만으로 차 마시기가 관리와 문인 등 지배층만의 전유물이었다고 단언하기는 어렵다. 남중국에서 차 마시기는 특정 계층만의 전유물이 아니었다는 사실을 알려주는 기록이 남아 있다. 《광릉기로전廣陵耆老傳》과 《이원異苑》의 이야기가 대표적이다.

《광릉기로전》에 따르면 동진 원제原帝 때 한 노파가 매일 아침 차가 담긴 그릇을 메고 나와 시장에서 팔았는데, 사람들이

다투어 차를 사 마셨다. 그런데 저녁이 되어도 그릇에 담긴 차가 줄지 않았고, 노파는 차를 팔아 번 돈을 길가의 가난한 사람에게 나눠주었다. 사람들이 이상하게 여겨 잡아다 옥에 가두었는데, 그날 밤 노파는 차 그릇을 가지고 창문으로 날아가 사라져버렸다.

《이원》에 따르면 섬현 진금陳劤의 처는 젊어서 과부가 되어 두 아들과 함께 살았는데, 차 마시기를 좋아했다. 집 뜰에는 누구의 것인지 모르는 오래된 무덤이 있었다. 과부는 차를 마실 때마다 먼저 무덤에 제사를 지냈고 두 아들이 없애버리자는 것도 만류했다. 그 정성 때문이었는지 과부의 꿈속에 오래된 무덤의 주인이 나타나 고마움을 표시하며 답례로 재물을 묻어두었으니 가지라고 했다. 꿈에서 깬 과부가 무덤을 파보니 정말로 재물이 가득했다.

이 두 이야기는 모두 현실적이지는 않지만, 당시 사람들의 생활을 반영한다고 볼 수 있다. 시장에서 차를 파는 사람과 그것을 사서 마시는 사람, 집에서 차를 즐겨 마시는 여인은 당시 낯선 모습이 아니었다.

차가 생산되지 않았던 회수淮水 이북에서도 3세기의 기록에 시장에서 차를 판매했다는 내용이 나온다. 부함傅咸의 《사례교司隷敎》에는 낙양 시장에서 차죽茶粥을 쑤어 팔고 나중에는 덩어리차를 판매한 사천 출신 할머니가 있었다고 기록되어 있다. 당시 차 생산지가 아닌 북중국의 도시에서 차가 팔렸다는 것은 매우 주목할 만한 사실이다. 일정한 소비자가 존재했다는 것이기 때문이다. 그뿐 아니라 시장에서 차죽과 덩어리차를 팔았다는 사실은 차가 지식인의 전유물이 아니었다는 것을 말해준다.

물론 당시 낙양 시장에서 차를 팔았다고 해서 낙양 사람 모두가 너도나도 차를 즐겼다고 할 수는 없다. 차의 주 고객은 사천을 비롯한 남중국 출신으로 중앙에 진출해 활동하는 관인이거나 문인에서 상인에 이르기까지 객지 생활을 하는 사람이거나, 승려 혹은 일찍이 차에 관심을 가진 소수의 사람이었다. 북중국 사람이 차 마시기를 익숙하게 받아들이는 데는 좀 더 시간이 필요했다.

남중국에서 북중국까지

'낙노' 혹은 '수액'으로 불리다

차 문화는 중국에서 가장 먼저 형성되어 발전했지만 중국인 모두가 차를 마시게 되기까지는 오랜 시간이 걸렸다. 중국에서도 처음에 차는 차나무가 생장하는 특정 지역에서 즐기는 음료였다. 차나무가 생장하지 않는 회수 이북의 북중국 사람에게 차는 왜 마시는지 알 수 없는, 남중국 사람이나 좋아하는 이상한 음료일 뿐이었다.

    사천을 중심으로 한 서남 지역에서 양자강을 따라 동남쪽으로 차 생산과 차 마시기가 전파되는 것은 순조로웠지만, 회수를 넘어선 북쪽은 여건이 달랐다. 북중국에도 차가 소개됐지만 남중국에서처럼 쉽게 성행하지는 않았다. 각기 지역 문화에 대한 자부심이 있고 낯선 것에 대한 호기심보다 익숙한 것을 고수하려는 성향이 나타나는 것이 일반적이므로 이는 당연한 일이었다. 게다가 북조의 통치 집단인 선비족 등이 중국의 남방 문화에 익숙하지 않았던 점은 동진시대까지 황하 유역에 조금씩 전해지던 차 문화가 꾸준히 발전하기 어려운 상황을 만들기도 했다.

북중국에서는 차를 '낙노酪奴'라고도 했는데, 이 명칭에는 남쪽에서 전해진 음료를 경시하는 의미가 담겨 있었다. 차를 낙노라고 부르게 된 것은 북위의 효문제孝文帝와 왕숙王肅의 일화에서 기인한다. 《낙양가람기洛陽伽藍記》에 자세한 내용이 실려 있다.

왕숙은 강남에서 태어나 남경南京에서 성장했으므로 남방의 풍속이 몸에 익은 사람이었다. 그의 아버지는 남조의 제齊에서 옹주자사를 지냈고 그 자신도 비서승 자리에까지 올랐으나, 아버지가 정치적 화를 당한 데 울분을 느껴 494년 제나라를 등지고 북조의 북위로 귀순했다.

왕숙이 처음 북위에 왔을 때 그는 양고기와 낙장酪漿(유제품 음료) 등 북중국 사람이 즐기는 기름지고 진한 음식을 입에 대지 못하고 생선요리나 차 등 남중국 사람이 즐기는 음식만 먹었다. 게다가 차를 한번 마시면 한 말이나 마셨으므로 '밑 빠진 잔漏卮'이라는 별명이 붙을 정도였다.

북위로 귀순한 지 몇 년이 지나 효문제가 베푼 연회에 참석했을 때 왕숙은 이미 북조의 풍속을 몸에 익히고 있었다. 이때 왕숙은 양고기도 낙장도 잘 즐겼다. 연회에서 효문제가 북조와 남조의 음식을 화제로 삼자 왕숙은 "양고기는 육지에서 나는 진미로 대국과 같고, 생선은 물에서 나는 진미로 소국과 같습니다. 차는 낙장에 대적하지 못하니 종奴이 됩니다"라며 효문제의 기분을 돋우었다. 이러한 왕숙의 일화에서 차를 낙노라고 부르게 됐다고 한다.

산동에 호적을 둔 왕숙이었지만 그는 강남에서 나고 자란 강남 사람이었다. 정치적 상황에 따라 북위로 귀순하면서 낙양 생활이 시작됐고 시간이 흘러 환경에 적응했지만, 그의 강남 취향은 버릴 수 있는 것이 아니었다. 남조에서 북조로 귀순한 처지라 그는 매우 신중했다. 자신이 즐겨 마시는 차를 '낙장의 종'이라고 표현함으로써 그는 새로운 나라에서 개인의 취향을 무리 없이 인정받을 수 있었다. 대화의 기지를 발휘하는 솜씨가 있었던 것이다. 환경 차이와 더불어 남북조라는 정치적 분단 상황은 이렇듯 생활습관과 기호에도 커다란 차이를 만들었다.

차를 일컫는 다른 명칭에는 '수액水厄'이라는 말도 있었다. 《낙양가람기》에는 앞의 이야기에 이어서 팽성왕彭城王 협勰이 북중국 관리가 차 마시는 것을 못마땅해하며 차를 수액이라고 지칭한 일화가 실려 있다. 즉 팽성왕 협은 당시 급사중給事中 유호劉縞가 왕숙의 풍류를 사모하며 차를 좋아하자 "자네가 수액을 좋아하는 것을 보니 '세상에 더러움을 쫓는 남자가 있고 찡그리는 것을 배우려는 아낙네가 있다'는 말이 자네를 두고 하는 말일세그려"라고 비꼬았다. 당시에는 각종 연회가 열리면 차도 준비해두었지만 사람들은 대개 마시지 않았다. 단지 차를 마시는 사람은 남중국에서 북중국으로 귀순한 이들뿐이었다고 하니 여전히 북중국 사람에게 차는 익숙한 음료가 아니었던 것이다. 이와 같이 북중국에서는 차를 즐기는 사람을 이해하지 못하겠다는 의미를 담아 차를 물난리라는 뜻의 수액이라고도 불렀다.

수액이라는 단어의 유래는 차를 즐겨 마셨던 청담淸談 사상가 동진東晉 사람 왕몽王濛의 일화에서 기인한다. 왕몽은 손님이 오면 반드시 차를 대접했는데, 대접이 지나쳐 한 번에 너무 많이 마시기를 강요하기에 이르렀다. 따라서 어떤 이는 이를 고역으로 여겼고 왕몽의 집에 갈 일이 생기면 "오늘 물난리(수액)가 나겠구나"라고 말하곤 했다. 이후 수액이라는 말은 차의 별칭이 되어 남중국에서 재미삼아 쓰이곤 했다.

남조 양梁 무제武帝의 아들 소정덕蕭正德이 북위에 투항했을 때 원의元乂가 차를 준비하려고 소정덕에게 "수액은 얼마나 하시오?" 하고 물었다. 이는 차를 얼마나 마시느냐는 질문이었다.

이때 소정덕은 수액을 말 그대로 수재水災로 받아들이고 "나는 물의 고향에서 태어나 입신 이래 물난리를 겪어본 적이 없소"라고 대답해 좌중이 모두 웃었다는 이야기가 전해진다. 소정덕은 남중국에서 장난말로 쓰이는 수액이 북중국에서 사용될 것이라고는 미처 생각지 못했던 것이다. 북중국에서 차를 수액이라고 할 때는 차를 마시는 것이 고역이라는 의미와 함께, 자신들이 즐기는 유제품 음료인 낙장이 차보다 유익한 음료라는 비유의 의미가 담겨 있었다. 이와 같이 차를 낙노 혹은 수액이라고 불렀던 북중국 사람에겐 '낙장과 같이 좋은 음료가 있는데, 왜 차를 마시느냐' 하는 의식이 내재돼 있었다.

운하의 개통, 북중국까지 일상에 스며든 차

남중국과 북중국의 차에 대한 인식 차이는 비단 북중국이 차 생산지가 아니어서만은 아니었다. 고대 제국인 한나라가 붕괴된 이후 오랜 분열의 시기(위진남북조시대)를 겪으면서 남과 북은 더욱 상이한 사회상을 가지게 됐다. 군사적, 정치적 대치 상황은 양견楊堅이 수隋를 세우고 589년 전국 통일을 이룩하여 360여 년간의 긴 분열 시대에 종지부를 찍음으로써 종결됐다. 그러나 군사적, 정치적 정복만으로 통일이 완성되는 것은 아니었다. 경제적, 문화적 융합이 이루어져야 진정한 통일 국가였다. 그런 의미에서 진정한 통일은 남북을 잇는 운하의 개통으로 이루어졌다고 해도 과언이 아니다.

황하와 회수를 잇는 통제거通濟渠, 회수와 양자강을 연결하는 한구邗溝 그리고 황하와 탁군涿郡(현재의 북경)을 잇는 영제거永濟渠, 양자강에서 항주로 연결되는 강남하江南河가 개통됐다. 중국의 남과 북이 수로를 통해 원활하게 소통하게 된 것이다. 이제 강남의 풍부한 물자가 운하를 통해 북중국으로 쉽게 운반될 수 있었다. 경제적으로 두 지역이 밀접하게 연결되면서 점차 전반적인 사회 융합이 진행됐다.

운하로 남과 북이 활발하게 교류하고 문화가 융합되는 시점에 차도 점차 북중국 사람이 좋아하는 음료가 되어갔다. 차 문화가 그들의 일상생활에도 스며들기 시작한 것이다.

"스님, 도사님, 뭐 드세요?"

남중국인은 차 마시기를 좋아했지만 북중국인은 처음에 차를 많이 마시지 않았다. 개원開元(713~741) 연간에 태산 영암사에 항마사降魔師가 있었는데, 선종을 크게 일으키고 선을 가르쳤다. 잠을 자지 않았으며 또한 저녁식사를 하지 않는데, 차를 마시는 것은 허락했다. 사람들이 품에 끼고 도처에서 차를 끓여 마셨다. 이때부터 효험이 알려졌고, 드디어 풍속을 이루었다.[1]

차를 많이 마시지 않던 북중국인이 차에 긍정적인 관심을 가지게 된 계기 가운데 대표적인 것으로 선종 승려와 도교 도사의 활동이 있었다. 앞에 인용한 봉연封演의 《봉씨문견기封氏聞見記》의 기록도 그러한 상황을 반영한 것이다.

남중국인이나 마시는 낙노가 아니라, 이제 열심히 심신을 수련하는 승려가 마시는 효험 좋은 음료로서 차를 인식하게 됐다. 차에 좋은 효능이 있다는 소문은 순식간에 퍼져 나갔다. 이제는 북중국 사람도 차를 마시지 않을 이유가 없었다. 정신도 맑아지고 건강에도 좋은 차가 운하를 따라 배에 가득 실려 운반됐다.

그 밖에도 차와 관련된 종교인의 활동 기록으로 개원 연간의 도인인 왕 천사王天師의 일화가 있다. 왕 천사는 도의 경지가 높은 인물로, 당 현종이 천사에 봉한 인물이었다. 행자 시절 그는 뜻한 것이 있어 큰 산에서 차 200여 개를 꿰어서 경사로 들어왔다. 매번 다구를 휴대하고 성문 안에서 차를 베풀었는데, 이러한 모습을 당시 환관이었던 고력사가 보고 경사에 온 까닭을 물었다. 왕 천사는 "저는 남악의 행자입니다. 지금은 구진관에 거하고 있습니다. 건물이 무너져서 특별히 차를 가지고 와서 시주를 받고 있을 뿐입니다"라고 대답했다. 이것이 계기가 되어 그는 현종을 알현하게 됐다. 그는 능력을 인정받게 됐고, 구진관 건물도 수리됐다. 그 후 몇 년 지나지 않아 명성이 높아진 그는 천사에 봉해졌다.

이와 같이 차를 즐겨 마시는 선승이나 도사에 의해 차가 북중국의 대중에게 전달됐으며, 이에 따라 차의 이미지도 그들에게 긍정적으로 각인됐다.

8세기에 이르면 북방에서도 차는 매우 익숙한 음료가 된다. 《봉씨문견기》에는 "산동과 하북(鄒, 齊, 棣는 산동이고 滄은 하북)에서부터 점차 낙양과 수도 장안에 이르기까지 각 도시에는 많은 점포가 개설되어 차를 끓여 팔았다. 종교인과 일반인을 불문하고 다들 돈을 내고 차를 사서 마셨다. 차는 양자강과 회수로부터 올라오는데, 배와 수레가 잇달아 가는 곳마다 산처럼 쌓였으며, 차의 종류와 수량도 매우 많았다"라고 기록돼 있어 북중국에서도 차가 유행했고, 거리의 찻집에서 차를 사 마시는 생활이 일상적이었음을 알 수 있다. 많은 양의 차가 운하를 통해 공급됐고, 차를 마시는 문화도 운하를 따라 전해졌으므로 "산동과 하북에서부터 점차 낙양과 수도 장안에 이르기까지"라고 표현했을 것이다. 이제 차는 더 이상 남방만의 음료가 아니고 중국의 음료로서 자리를 잡았다.

차 소비에 충분한 생산과 공급

차나무가 생장하지 않는 지역에서도 차를 소비하는 데 크게 문제가 없었던 가장 근본적인 이유는 차의 생산과 공급이 원활했기 때문이다. 차나무는 아열대성 식물로 온대에서 열대에 이르기까지 광범위한 지역에서 생장이 가능하다. 중국은 회수 이남에 넓은 차 생산지를 확보하고 있었다. 게다가 차나무는 비옥한 토양에서 자라는 나무가 아니라는 점도 차 재배지 확대에 매우 유리했다. 일반 농작물은 피에이치 6~7의 토양에서 잘 자라지만, 차나무는 4.5~6의 약산성 사질 양토에서 잘 자란다. 식량 자원이 재배되는 농지와 경쟁하지 않는다는 점은 차 재배 발달에 매우 유리한 조건이었다.

8세기에 들어와 차를 소비하는 지역이 확대되면서 차 생산은 놀라운 증가 추세를 보였다. 원거리 교역을 통한 이익이 증대하면서 중국에서 차 재배는 일찍부터 전업화專業化 됐다. 당 대에 가장 유명했던 차는 몽정차蒙頂茶인데, 800년대에 들어 이 차의 재배 지역은 기하급수적으로 늘어났다. 이전에는 비단을 가지고도 초봄에 나오는 몽정차 한 근조차 구하기 어려웠지만, 차 수요가 증대하자 수십 년도 채 지나지 않아 1000만 근이 출시될 정도로 차 생산량이 늘었다.

경작 면적의 증대와 다원 경영의 전업화 현상은 차 재배지 전역에 걸쳐 일어났다. 강회江淮 지역에서는 인구의 20~30퍼센트가 차 생산을 본업으로 했고, 이에 따라 강남 지역의 전업화 정도는 더욱 높아졌다. 기문현祁門縣에서는 거의 빈 땅이 없을 정도로 차나무를 심었고, 전업화 정도는 70~80퍼센트에 달했다.

차를 생산하기 위해서는 집중적인 노동력과 비용이 든다. 따라서 수요자와 판매지가 충분히 확보되지 않으면 전업 생산은 불가능하다. 그런데 중국의 차 시장은 기호품 단계를 넘어 필수품 단계로까지 발전했다. 이러한 소비 여건과 더불어 중국 차 문화 발전의 주요한 토대가 된 것은 풍부한 차 생산력이었다. 중국에서는 차를 마시기 시작한 초기부터 차가 전파되기 시작해 중국 전 지역에서 소비되고, 나아가 국경 너머로까지 보급되는 단계에 이르러도 공급량이 부족한 적은 한 번도 없었다.

본래 중국의 차 생산은 역사가 깊고 차의 종류도, 생산량도 많았다. 8세기 당나라 때 이미 43개 주군州郡, 44개 현縣에서 차가 생산됐다. 960년에 건국된 송 대의 기록은 차 전매專賣제도의 본격적인 시행으로 전매와 관련된 수매와 판매 등의 관리 상황을 생생하게 전해준다. 송 대에는 총 15로路, 2부府, 82주州, 13군軍, 278현縣, 2성城에서 차가 생산됐다. 이 중 사천에서는 약 3000만 근을 생산했다. 이는 지역별 생산 최고액에 해당한다. 사천을 제외한 나머지 동남 지역에서는 적어도 2300만여 근이 생산됐다. 이 수량은 생산량이 아니라 전매 기구가 관리한 매차량買茶量으로, 생산량의 일부였다. 이 매차량에 절세차折稅茶,[2] 공차貢茶, 모차耗茶,[3] 식차食茶[4] 등의 수량을 합산하면 약 4937만 근이 생산됐다고 추정할 수 있다. 동남 지역과 사천의 차 생산량을 합하면 당시 총 7937만 근 정도가 생산된 것인데, 이는 4만 7633톤에 해당한다.

차 전매가 시작된 것은 당나라 때인 835년이지만, 그보다 앞서 차에 대한 세금이 매겨졌다. 예나 지금이나 부가 쌓이는 곳에는 징세가 따르기 마련이다. 차에 대한 징세는 780년에 처음 실시됐다. 그 이전까지 중앙에서 차에 징세하지 않은 것은 주목할 만큼 거래되는 물품이 아니라고 생각했기 때문이다. 오랫동안 차는 중국 남부의 차나무가 생장하는 지역과 그 주변 지역을 중심으로 유통, 소비됐다. 중앙 조정이 있었던 황하 유역은 차나무가 생장하는 지역이 아니었고, 따라서 처음에 조정에서는 차 소비량이 증가해도 크게 관심을 기울이지 않았다.

그러나 중앙 조정에서 차가 징세의 대상이 될 만하다는 사실을 깨닫는 데는 그리 오래 걸리지 않았다. 전통적으로 대자본을 운영했던 상인은 염상鹽商이었는데, 이때에 이르면 차상茶商이 새로운 거대자본 상인으로 등장했다. 차가 소금처럼 전국에 유통되는 상품으로 성장한 것이다. 차 판매로 부가 축적되는 것을 자각하게 되면서 780년에 드디어 상평본전常平本錢[5]을 확보한다는 명목하에 차에 징세를 하기 시작했다. 차에 대한 징세는 각지의 요로에서 차 가격의 10분의 1을 거두어들이는 상업세의 성격으로 부과됐다.

차에 대한 징세는 곧 전매로 이어졌다. 초기의 교역에 따른 부과세 징수에서 벗어나 전매를 통해 국가가 생산과 판매 과정을 장악하여 그 수익을 적극적으로 흡수하는 형태로 바뀌었다. 국가 재정을 확충하기 위한 것이었다. 이후 전매제도는 많은 변화를 거쳤지만, 차는 계속해서 전매 품목으로 지정되어 국가에 높은 수익을 제공했다.

송 전기에 차 전매는 차 생산지 전체가 아니라 사천을 제외한 지역을 대상으로 했다. 기본적으로 송은 발전하는 강남의 경제와 수도가 있는 황하의 경제를 연결하는 방식으로 경제 정책을 펼쳐 나갔다. 차의 전매 정책도 이러한 범위 내에 있었다. 최대의 차 생산지인 사천을 전매 시행에서 제외한 것은 전매 차의 가격을 적당한 수준으로 유지하기 위해서였다. 과다한 물량은 가격 하락을 가져와 전매 수익을 낮추기 때문이다. 수량을 조절하기 위해 사천 지역의 차를 전매 시행에서 제외하면서 지역 밖으로의 판매도 금지했다. 결국 가장 생산량이 많았던 사천을 제외해도 나머지 지역에서 차 공급이 문제가 되지 않을 만큼 당시 차 생산량이 충분했음을 알 수 있다.

육우와
《다경》

《다경》과 청규

항주에 위치한 중국차엽박물관 앞뜰에는 차 마시는 육우의 동
상이 세워져 있고 중국 각처의 차 판매소나 찻집에도 육우의 형
상을 모셔두는 것이 일반적이다. 상해의 갑북공원閘北公園에도
"주전자왕이 손님을 맞는다"라고 새겨진 대형 찻주전자와 함께
찻잔을 들고 앉아 있는 육우의 동상이 있다. 이러한 모습은 비단
현대에 국한된 것이 아니다. 11세기 중반에 쓰인 구양수歐陽修
의《집고록발미集古錄跋尾》에도 다음과 같은 기록이 있다.

차는 대개 위진魏晉 이래로 있었지만, 후세에 차를 언급하면 반드시
육홍점陸鴻漸(육우)을 근본으로 한다. 다서茶書의 저술도 그로부터

시작됐다. 지금의 민간 풍속을 보면 차를 파는 상점마다 부엌 옆에 옹기 인형 하나를 두고 그것을 육홍점이라고 부른다.[6]

차의 역사에서 8세기의 육우가 차지하는 위치는 예나 지금이나 다름이 없다. 생존 당시 다선茶仙 혹은 다성茶聖으로 칭송받던 그는 오늘날에도 차 문화를 대표하는 인물로 인식되며 다신茶神으로 존재한다. 역사상 이만 한 문화적 족적을 남긴 사람도 흔치 않을 것이다.

육우는 차 문화 발전에 획기적인 역할을 한 인물이다. 중국의 차 문화는 육우에 의해 종합 문화로 완성됐다고 해도 과언이 아니다. 당시는 불교 신앙의 확산과 함께 차를 마시는 풍습이 북중국에까지 전파되면서 차 문화가 완성 단계에 이르렀고, 그에 따라 차를 마시는 방법도 규범화되고 있었다. 이런 일을 수행한 사람이 바로 육우다. 육우는 차 전문 서적인 《다경茶經》을 지어 차에 대한 지식을 소개하고 차를 끓여 마시는 방법의 모범을 제시했다. 이를 통해 사원 다례와는 또 다른 민간 다례가 형성될 수 있었다. 그가 30세 즈음 저술한 《다경》이 당시는 물론 현대에도 널리 애독된다는 사실은 그의 영향력이 지금까지 미치고 있음을 말해준다.

8세기 후반에 이르러 다서와 청규淸規(선원에서 지켜야 할 규칙)

가 동시에 출현했다는 사실은 우연이라고 할 수 없다. 최초의 다서와 최초의 청규를 성립시킨 사람은 육우와 백장회해百丈懷海선사다. 이 두 사람은 동시대를 살아가면서 한 사람은 민간 다례를, 다른 한 사람은 선원 다례를 집대성했다. 이들 사이에 직접 교류가 있었던 것은 아니지만, 두 사람 모두 당대의 중심에서 차문화를 선도했다.

육우가 남긴 《다경》은 오늘날까지 읽히는 대표적인 다서다. 백장회해선사가 지은 《백장청규百丈淸規》는 유실되어 현존하지 않지만, 1103년 자각종색慈覺宗賾선사가 찬술한 《선원청규禪院淸規》의 근간이 되어 한·중·일 삼국 모두 청규사를 이어올 수 있었다. 한편 청규의 제정은 선종의 종파적 독립을 의미하는 것이기도 했다.

《백장청규》는 900년대를 지나면서 산실되어 지금은 그 원문을 알 수 없지만, 《선원청규》를 통해 그 대강을 살펴볼 수 있다. 청규에는 승려가 준수해야 하는 계율, 소지해야 할 물품과 그 보관 및 포장 방법, 승려의 복장, 사원에 들어와 상주하거나 임시로 묵기 위해 거쳐야 할 절차, 식사와 차 마시는 자리에 임하는 법 등등 사소한 것에서부터 단체 생활을 위한 규칙과 선원 운영에 관련된 원칙에 이르기까지 종합적으로 정리되어 있었다.

특히 선원 생활에서 차는 모든 관계와 모임의 매개 기능을 했다. 인사를 할 때도, 보고를 할 때도, 모임을 진행할 때도, 손님을 맞을 때나 개인 시간을 가질 때도 차를 통한 의례가 진행됐다. 게다가 승려가 소지해야 할 물품에는 다구가 있었다. 이처럼 선종의 승려와 차는 생활에 밀착되어 있었다. 선종은 다른 종파와 달리 적극적으로 경제 활동을 했고, 일반 대중과도 활발하게 교류했다. 이러한 태도와 활동으로 인해 선종 승려의 선원 생활과 그 문화는 외부에 많은 영향을 미쳤다.

육우는 민간에서 《다경》을 저술했지만 유년기를 사찰에서 보낸 사람이었다. 선원에서 자란 경험은 이후 그의 인생에 중요한 토대이자 커다란 보물창고의 구실을 했다. 선원에서 지켜야 할 규칙이 문서화되어가던 시점에 육우는 민간에서 차를 종합 문화로서 규범화하고 있었다. 그가 지은 《다경》은 최초의 다서이면서 이후 수십 권의 다서가 출현했지만 《다경》을 능가하는 다서는 없다고 평가될 만큼 최고의 다서다.

《다경》의 원문은 대략 7000자인데, 상·중·하 세 권으로 나뉘어 총 열 가지 주제로 구성된다. 상권에서는 차의 근원과 제조 그리고 그에 필요한 기구에 대해, 중권에서는 다구에 대해 설명한다. 하권에는 차 끓이는 방법과 차를 대하는 태도 그리고 차를 마시는 사람, 차 생산지에 이르기까지 다양한 내용을 담았다. 결국 《다경》은 차에 대한 모든 것을 담아낸 책인 셈이다.

이러한 구성이 가능했던 것은 차를 대하는 육우의 태도가 남달랐기 때문이다. 그가 차를 이해하는 방법은 서적을 읽는 것에 한정되지 않았다. 구체적이고 실질적으로 이해하기 위해 끊임없이 직접 경험을 하는 노력을 경주했다. 즉 단순히 차를 마시며 감상하는 데 머물지 않고, 자신의 손으로 직접 찻잎을 따서 차를 만들어가며 이해해 나갔다. 차나무가 자라는 벼랑이 험해도, 귀갓길이 늦어져도 차가 먼저였다. 따라서 봄이면 집을 비우는 일이 많아 손님이 찾아와도 그를 만나기는 쉽지 않았다. 육우를 만나러 갔다가 허탕을 친 승려 교연皎然도 〈육우처사를 찾아갔다가訪陸處士羽〉라는 시에서 "어느 산에서 햇찻잎을 살펴보시나, 어느 샘에서 봄 샘물을 맛보시나"라며 그의 부재를 아쉬워했다.

이렇게 육우 자신의 체험적 결과까지 더해져 《다경》은 8세기 당나라에서 차나무가 자라는 곳은 어디인지, 어느 지역의 차가 유명한지, 차는 어떻게 마시는 것이 좋은지, 어떤 사람이 차를 마시는지, 차를 통해 무엇을 추구하고 채워 나갈 수 있는지 등등 다양한 문제를 파악할 수 있는 책으로 완성됐다. 쉽게 도달할 수 있는 수준이 아니었다. 따라서 당시뿐만 아니라 현재에 이르기까지도 읽히는 고전이 될 수 있었다.

《훼다론》

육우가 《다경》을 저술했다는 것은 많은 사람이 기억하지만, 그가 《훼다론毁茶論》도 썼다는 사실은 많이 알려지지 않았다. 물론 《훼다론》은 그 내용이 유실되어 남아 있지 않기 때문에 논의에 한계가 있는 것이 사실이다. 그러나 그것이 쓰이게 된 배경을 살펴보는 것은 차 문화를 이해하는 데 한층 도움이 된다.

《다경》과 《훼다론》은 거의 비슷한 시기에 쓰였는데, 육우가 30대 초반일 때다. 차에 관한 육우의 기본적 인식과 틀이 완성된 때라고 볼 수 있다. 아쉽게도 《훼다론》은 그 내용을 알 수 없기 때문에 단지 그것을 쓰게 된 배경을 살펴봄으로써 육우가 무엇을 토로하고 싶어 했는지 짐작해볼 뿐이다. 《봉씨문견기》에는 당시 육우가 어떤 마음으로 《훼다론》을 지었는지 그 상황을 가늠해볼 수 있는 기록이 남아 있다. 《봉씨문견기》에 따르면, 당시 30대의 육우는 이미 차에 관한 한 명망이 자자했다. 그가 차에 대해 하는 말이나 차를 마시는 방법, 선호하는 다구 등이 규범처럼 정해지고 있었다. 그런 육우의 인기에 영합해 활동하는 사람도 있었는데, 상백웅常伯熊이 대표적이었다.

어사대부 이계경李季卿이 강남 지역을 순시할 때였다. 임회臨淮에 이르러 '상백웅이 차를 잘한다'는 말을 듣고 그를 초청했다. 상백웅은 노란 적삼에 검은 비단모자烏紗帽를 쓰고 나타나 좌중의 이목을 집중시키며 차를 시연했다. 이계경은 차 두 잔을 마시고는 그만두었다. 강남에 도착한 그는 이번엔 '홍점(육우)이 차에 능하다' 하여 그를 초청했다. 육우는 평범하게 차려입고 다구를 가지고 앉아 상백웅이 했던 것과 다르지 않게 차를 시연했다. 이계경은 속으로 그를 비루하게 여겨 아랫사람에게 30전을 차 시연의 보수로 주게 했다.

이계경의 처사에 육우는 크게 모멸감을 느꼈던 것 같다. 30전이라는 돈이 문제가 아니라 그것을 지급하는 태도가 본질적인 문제가 됐을 것이다. 이계경이 자신의 초라한 행색만 보고 차에는 관심조차 보이지 않았음을 감지했음이 틀림없다. 이를 참담하게 여기고 돌아와서 지은 것이《훼다론》이다. 따라서《훼다론》은 차의 본질을 모르는 사람에 대한 격한 비판이 담겼을 것이라고 짐작된다.《다경》에서 그는 "하늘이 기르는 만물에는 모두 지극히 오묘한 이치가 들어 있다. 사람들이 잘하는 것은 다만 얄팍하고 하기 쉬운 것만을 취하는 일이다"라고 비판했는데, 아마도《훼다론》은《다경》에서 말한 그 '얄팍하고 쉬운 것만 취하려 하고 하늘이 부여한 이치를 깨닫지 못하는' 가볍고 헛된 사람의 태도와 의식을 개탄하는 글이었을 것이다.

육우와 이계경의 만남은 이렇게 악연으로 시작됐지만, 시간이 지나면서 이계경은 육우의 진가를 알아본 모양이다. 차를 마시는 이들은 차뿐 아니라 물에 대한 품평에도 일가견을 이루었는데, 육우의 물 품평과 관련된 일화가 그런 정황을 말해준다. 장우신張又新의 《전차수기煎茶水記》에 남아 있는 육우와 이계경의 물 품평 일화를 보자.

당나라 대종代宗 초기에 호주자사였던 이계경이 유양維揚에서 우연히 육우를 만났다. 그는 육우의 명성을 익히 들었고 한 번 안면이 있는지라 대화를 나누며 양자역揚子驛까지 동행했다. 이때 이계경은 차에 능한 육우에게 남령南零의 물을 품평케 해볼 절호의 기회라고 생각했다. 그래서 사람을 시켜 남령의 물을 길어오게 하고 육우에게 품평을 청했다. 길어온 물통을 받아든 육우는 바가지로 물을 떠서 뿌리며 "강물은 강물이나 남령수가 아니고 언덕 근처의 물이로다"라고 말했다. 그러자 물을 길어온 사람은 극구 부인했다. 육우는 아무 말 없이 물통의 물을 절반까지 따라 버렸다. 그러고는 다시 바가지에 물을 떠서 뿌리며 "여기부터 남령수겠구나" 하니 그제야 물을 길어온 사람이 깜짝 놀라며 이실직고했다. 남령수를 떠서 언덕 근처까지 왔는데, 그만 절반을 쏟고 만 것이다. 물 양이 너무 적을까 걱정된 나머지 근처의 물을 보태어 담았다고 했다. 이에 감탄하며 이계경은 육우의 품평을 받아 적게 했고, 그래서 20등급의 물 품평이 기록될 수 있었다.

물이 섞였음을 알아차릴 정도라니, 가히 신의 감별이 아니겠는가! 하지만 이 물 품평 일화는 이계경과 육우의 첫 만남이 좋지 않았다는 이유로 허구일 것이라고 의심받기도 한다. 게다가 이 일화는 《다경》에 기록된 물에 대한 육우의 견해와 일치하지도 않는다. 그런데 그 진위 여부는 차치하고 이러한 일화가 만들어졌다는 것에 주목할 필요가 있다. 이런 이야기가 만들어졌다는 것은 결국 육우의 명성을 반영하기 위함이 아닌가. 이계경이 육우의 감별을 상당히 신뢰한 것처럼 이야기가 구성됐다는 것도 재미있다. 결과적으로 육우에게 이계경과의 첫 만남은 더욱 차의 본질에 집중하고 차를 진정한 마음으로 즐길 수 있도록 하는 계기가 된 듯하다.

육우에게 차란

그렇다면 육우는 차를 어떻게 이해했을까? 기본적으로 차는 약용 효과가 높은 음료였다. 육우도 차가 몸과 마음을 모두 치료해 주는 좋은 음료라고 생각했다. 열이 있어 갈증이 나거나 속이 답답할 때도 차가 좋고, 두통이 있거나 눈이 뻑뻑할 때도, 팔다리가 힘들거나 관절이 불편할 때도 차 몇 잔을 마시면 좋다고 했다. 그런데 차가 심신에 좋은 음료라고만 생각했다면 그저 약방

문으로도 충분했을 텐데, 그가 《다경》을 쓴 것은 차가 가진 단순한 효능만이 아니라 차에 대한 깊은 이해가 있었기 때문이다.

차는 남방의 아름다운 나무다.

《다경》의 첫 구절이다. 그가 차나무를 '남방의 아름다운 나무'라고 극찬한 것도 비단 차가 몸에 좋은 음료이기 때문만은 아니었다. 그렇다면 그는 차를 어떻게 이해했을까? 다음의 구절이 차를 대하는 그의 태도를 대변해준다.

하늘이 기르는 만물에는 모두 지극히 오묘한 이치가 들어 있다.

육우에게 차는 하늘의 이치를 깨달을 수 있는 심오한 음료였다. 따라서 차와 관련된 모든 것은 매우 엄격하고 중요할 수밖에 없었다. 차는 일생을 바쳐 탐구해야 하는 대상이었다.

먼저 차를 대하는 자세부터 중요했다. 차는 하늘의 이치를 깨달을 수 있는 음료지만, 그 깨달음에 도달하는 것은 수월한 일이 아니었다. 따라서 차는 자기 수양을 하지 않고는 다가갈 수 없었다. 보통의 사람들이 잘하는 것처럼 얄팍하고 쉬운 것만 취하려고 해서는 결코 차를 알 수 없는 것이다. 육우는 차의 성질과 맛이 지극히 차서 이에 어울리는 사람은 행실이 깨끗하고 검소하며 덕망이 있는 사람이라고 했다.

다음으로 아홉 가지 어려움九難을 이겨낼 수 있어야 한다고 했다. 그것은 차를 만드는 것에서 시작해 차를 마시기까지의 아홉 단계(차 만들기, 차 감별하기, 다구, 불, 물, 차 굽기, 가루내기, 끓이기, 마시기)를 말한다. 단계마다 높은 식견과 몸에 밴 숙련된 기술을 겸비해야 한다. 단지 차와 다구에 대한 훈련만을 의미하는 것이 아니다. 그에게 차는 인생을 성찰하는 통로였다. 따라서 그 과정과 행위에 커다란 의미를 부여했던 것으로 이해해야 한다.

또한 검소한 차의 성질에 맞게 차는 진하게 마시지 말아야 하며, 한 사발이 아니라 절반을 마셔야 차의 참된 맛을 느낄 수 있다고 했다. 차는 한 솥에 다섯 사발 정도의 양을 끓이는 것이 가장 적당하다고 보았다. 먼저 뜬 사발의 순서대로 맛이 좋으므로 석 잔까지가 향기롭고 맛있는 차이고, 다섯 사발까지가 마시기 좋은 차다. 다섯 사람이 있으면 사발 세 개로 돌려 마시고, 일곱 사람이 있으면 다섯 개로 돌려 마신다. 열 사람이면 풍로 두 개를 써서 다섯 사람씩 모여 마시도록 구성해야 한다. 이처럼 육우에게 차는 여럿이 마시는 음료이며 또 나누어 마시는 음료였다. 차를 마시며 깨달음의 경지에 도달하는 것은 함께함으로써 완성될 수 있는 것이었다.

일
상
의

차

생성잔과 차백희

안정적인 생산과 유통을 기반으로 8세기 이후 차는 중국인의
일상 음료가 됐고, 나아가 필수품으로 손꼽힐 정도가 됐다. 넓
은 지역에서 다양한 계층에게 소비되면서 문화적인 내용도 더
욱 풍부해지는 시기에 이르렀다.

　송 대의 다서로 분류되는 도곡陶穀의 《천명록荈茗錄》에는 재
미있는 기록이 남아 있다. 《천명록》〈생성잔生成盞〉과 〈차백희
茶百戱〉를 보면 당시 사람들은 차 거품으로 갖가지 모양을 만드
는 것을 보며 차를 즐겼다는 사실을 알 수 있다. '생성잔'은 말차
를 잘 만드는 차 장인匠人이 차탕 표면에 기묘한 형태의 모양을
만들어내는 것이다. 이 기술은 쉽게 익힐 수 있는 것이 아니어

서 사람들은 '신의 경지에 이른 예술'이라고 평했다. 당시 복전福全이라는 승려가 이 기술에 능했는데, 그는 차 네 사발을 타면서 시 한 구절을 차탕 표면에 떠오르게 했다고 한다. 이 현란한 기술에 사람들은 열광했고, 복전이 거하던 절에는 그의 솜씨를 눈으로 보고 즐기려는 사람들이 찾아와 문전성시를 이루었다. 그들은 시주를 한 후 잠깐 유지되는 이 탕희湯戲를 즐겼다.

당시 사람들은 이러한 차 놀이를 '차백희'라고도 했는데, 이는 사찰에 제한된 것이 아니었다. 차 사발에 끓인 물을 부어 숟가락으로 젓다가 갖가지 묘수를 부려 차탕 표면에 만들어낸 물고기, 벌레, 화초 등 갖가지 모양은 그 묘사가 무척이나 섬세하여 마치 그림을 그린 듯했다. 금방 흩어져 사라져버리는 것이어서 오래 볼 수는 없지만, 사람들은 차를 마시기 전에 이런 모양이 만들어지는 과정을 보며 즐거워했음에 틀림이 없다. 이러한 놀이는 차를 만들고 마시는 과정 속에서 차 맛을 최상으로 끌어올리는 동시에 정신적 안정과 육체적 건강을 도모하면서도 즐겁고 재미있게 접근하려는 경향이 있었음을 보여준다.

개봉과 항주의 화려하고 다양한 찻집

당 말기 이후 송 전기, 즉 10세기 전후 시기를 흔히 '당송변혁기'라고 한다. 그야말로 혁명적인 변화가 일어났던 시기였다. 황제 체제가 지속됐으므로 혁명이라고 할 수는 없지만, 변화라고 하기에는 표현이 너무 미약한 격변의 시기였다. 사회적으로는 귀족사회가 끝나고 서민사회로 나아가는 시점이었다. 소수의 귀족이 많은 것을 공유하던 시대에서 다수의 사람이 공유하는 시대로 변한 것이다. 그 중심에는 상업과 도시의 발달이 있었다. 상업과 도시라는 두 축을 중심으로 부가 축적되고 소비됐다. 차 소비도 이러한 흐름을 타고 크게 증가했다.

차는 집에서만 마시는 음료가 아니었고 사람이 모이는 곳이라면 어디서나 마실 수 있는 음료였다. 따라서 곳곳에 찻집이 생겨났다. 특히 대도시에서 차 소비와 찻집 영업은 날로 번성했다. 송의 수도 개봉開封에서 찻집을 드나드는 것은 아주 일상적인 생활의 일부였다. 차를 마실 수 있는 곳은 노점에서 호화롭게 치장한 찻집에 이르기까지 다양했다. 개봉부의 구조문가舊曹門街 북쪽에 있던 '산자다방'은 내부에 신선동굴과 신선다리까지 꾸며놓은 호사스러운 찻집이었다. 여성도 저녁이면 산책 삼아 이곳에 와서 차를 마시고 가곤 했다니, 찻집을 찾는 것은 당시 사람의 일상생활이자 여가 방법이었던 듯하다.

양가집 규수까지도 다방을 드나들었다고 해서 다방 출입을 모두 긍정적으로 생각했던 것은 아니다. 원채袁采가 쓴 《원씨세

범袁氏世範》에서는 '시정 거리에 있는 다방과 주점은 모두 소인잡배가 모이는 곳'이라고 하여 부정적으로 보았다. 물론 다방이나 술집 출입을 금하라는 것은 아니고, 여러 계층의 다양한 사람이 모이는 장소이고 지나치게 즐기다 보면 혹시 모를 경박스러운 일과 취한 사람을 만날 수도 있으니 조심하라는 의미였다. 그리고 지식인층의 신분 의식을 강조하기 위한 충고이기도 했다. 이에 동의하는 사람이 있었다 하더라도 찻집에 많은 사람이 모여 차를 마셨다는 것은 이들도 인정하는 사회현상이었다.

찻집의 형태나 규모는 각양각색이었다. 차통이나 수레를 끌고나와 차를 파는 노점이 있는가 하면, 거리에 상점을 열고 차를 파는 곳도 즐비했다. 그런 만큼 판매 경쟁도 치열해 손님을 끌기 위한 갖가지 방법이 강구되기도 했다. 그 결과 차 맛뿐 아니라 찻집의 분위기가 손님을 끄는 중요한 요소로 등장했다. 찻집은 벽에 그림을 걸거나 눈에 띄는 집기를 사용해 사람들의 관심을 끄는 데 주력하게 됐다.

개봉 거리에 있었던 유명한 찻집에 대한 재미있는 이야기가 왕명청王明淸의 《척청잡설撫靑雜說》에 남아 있다. 이 찻집이 인기 있었던 것은 고상하고 청결한 분위기가 일품인데다 그릇이나 의자, 탁자가 모두 가지런하고 깨끗했기 때문이라고 한다. 게다가 주인은 손님이 두고 간 물건을 잘 보관해두었다가 돌려

주는 양식 있는 사람이었다. 몇 해가 지난 뒤 찾으러 가도 그대로 보관돼 있을 정도였다. 유실물은 우산·신발·의복·그릇 등 다양했고, 심지어 돈주머니까지 있었다. 찻집 주인은 유실물에 '모년 모월 모일 어떠한 인상착의의 사람이 두고 간 것'이라는 꼬리표를 달아놓았다. 즉 '관인인 듯한 사람', '승려인 듯한 사람', '학생인 듯한 사람', '부인', '상인인 듯한 사람' 등등 인상착의로 물건을 놓고 간 사람의 신분을 적어두었고, 외모로 알 수 없으면 '신분을 알 수 없는 사람'이라고 적어 넣었다니 가히 얼마나 다양한 사람이 그 찻집을 드나들었는지 알 수 있다. 더욱이 놀라운 것은 이 찻집이 작은 찻집이라는데 그곳에서 차를 마시는 사람이 50여 명이었다고 하니, 당시 개봉 거리에 있던 주점이나 찻집의 규모를 상상해볼 수 있겠다.

황하강변에 개봉이 있었다면, 양자강변에는 항주가 있었다. 항주는 송이 여진족에게 하북 지역을 빼앗기고 개봉에서 쫓겨나 회수를 경계로 남쪽 지역만을 통치하던 때의 수도다. 송은 북방 회복을 국시로 삼았으므로 항주를 정식 수도로 여기지 않고 임시 수도라는 의미에서 행재行在라고 불렀다. 국토의 절반을 상실한 암울한 시기였지만, 상업의 발달로 경제가 계속 부흥했기에 도시는 한층 소비적이고 활발했다.

이때에 이르면 그간 여러 계층의 다양한 사람이 모여 차를 마시던 찻집은 좀 더 특정한 고객을 대상으로 하는 전문 찻집으로 발전했다. 많은 찻집이 영업 경쟁을 하는 가운데 각 찻집의 분위기와 고객의 성향에 따라 특정 고객을 집중 공략하는 영업 전략을 선택하게 됐고, 그 결과 전문 찻집이 생겨난 것이다. 물론 각 찻집에 특별히 출입을 제약하는 강제 조항이 있는 것은 아니었다. 찻집은 편리에 따라, 그리고 소비자의 필요와 취향에 따라 자연스럽게 선택됐다.

오자목吳自牧의 《몽량록夢粱錄》에는 항주 거리에 있었던 다양한 전문 찻집에 관한 기록이 남아 있다. 야시장이 열리면 큰길에 서서 편하게 차를 마실 수 있는 노점 찻집이 여전히 성업을 이루었다. 반면 대범다루大凡茶樓라는 찻집은 고급 손님을 주로 받는 곳이었다. 그 찻집의 고객은 대부분 부유층 자제와 관리였다. 이들은 퇴근길에 이곳에 모여 차를 마시며 악기를 배우기도 하고 좋은 가르침을 듣는 등 교양을 쌓기도 했다. 찻집이 상층의 사교 모임 장소 기능을 했던 것이다.

또 같은 직업을 가진 사람이 주로 모이는 찻집도 있었다. 잡일을 하는 남성이 주로 모이는 곳이 있는가 하면, 기술자와 기예자가 모이는 찻집도 있었다. 이들은 이곳에서 직업상의 정보를 교환하면서 혹은 동일 업종 종사자 간의 편안함을 느끼면서 여유를 즐겼다. 한편 사대부가 선호하는 점잖은 분위기의 찻집도 많았다.

그 밖에 '화다방花茶房'이라고 불리는 곳도 있었는데, 기녀를 앞세워 이목을 끌고 호객하는 요란한 찻집이었다. 미색과 기예가 출중한 이곳의 기녀는 미모와 미소로 손님을 끌 뿐만 아니라, 아침부터 저녁까지 노래와 현악기로 손님의 마음과 눈을 요동치게 만들었다. 기녀뿐 아니라 찻집 역시 매우 호화로웠다. 어떤 곳은 집기를 모두 금은으로 만들었고, 덮개나 휘장 같은 것은 비단을 사용했다. 그러니 이런 곳에서 차를 마시려면 꽤 많은 비용이 들었으리라. 기녀에게 들어가는 비용은 물론이고 별도로 따라오는 판매자까지 분분하여 비용은 상상을 초월하기 일쑤였다. 《원씨세범》에서 찻집 출입을 조심하라고 했던 것은 바로 이런 찻집을 두고 한 말이었다. 이런 찻집은 대개 시끄럽고 이래저래 다툼이 잦았다. 그래서 일반 사람이 가려면 주의가 필요했고 군자임을 자칭하는 사람이 발을 들일 곳은 더더욱 아니었다.

찻집 규모의 대형화와 호화로움은 시간이 흐를수록 더욱 심해졌다. 그리고 개봉보다 항주의 찻집이 더 화려했다. 개봉에서도 이미 식당 벽에 유명한 그림을 걸어 눈요기를 제공하는 등 실내 장식에 신경을 썼지만, 항주에서는 그림뿐 아니라 계절에 따라 다양한 꽃을 장식하는 등 치장에 더욱 열을 올렸다. 금은으로 만든 호화 집기를 사용하는 찻집도 있었고, 그 정도의 물력이 없는 주인은 각종 호화 물건을 임대해 손님이 올 때마다 새로운 것으로 바꾸어 대접하는 일까지 벌어졌다.

'개문칠건사'의 하나

차 소비는 도시에서만 활발한 것이 아니었다. 농촌에서는 훨씬 더했다. 이는 차가 풍부하게 생산됐다는 사실로 이해할 수 있을 뿐만 아니라, 차 마시는 풍속이 남쪽에서 북쪽으로, 농촌에서 도시로 보급됐다는 것과도 밀접한 관련이 있다.

전통시대 중국인에게 차는 단순한 기호품이 아니라 생활에 밀착된 음료였다. 차를 마시는 생활습관은 유래가 깊은 것이어서 '일상다반사', '개문칠건사' 혹은 '칠반사七飯事'라는 말이 유행할 정도였다. 차가 중국인의 생활에 얼마나 밀착되어 있었는지 잘 보여주는 예라고 할 수 있다. '개문칠건사'라는 말은 아침에 일어나 하루 일과를 시작할 때부터 꼭 필요한 일상의 일곱 가지 물품을 의미한다. 즉 생활필수품이다. 당시 중국인이 꼽은 일곱 가지는 땔나무, 쌀, 기름, 소금, 장, 식초, 차였다. 생활필수품으로 꼽힌 이 일곱 가지는 남송 대부터 명 대에 이르도록 모든 중국인에게 일반적인 것이었다.

일상에 꼭 필요한 품목에 차가 속한다는 것은 지금 우리가 차를 기호음료의 하나로 생각하는 것과는 많은 차이가 있다. 송대의 개혁정치가 왕안석王安石은 "차는 쌀이나 소금과 같아서 하루라도 없어서는 안 된다"라고 했다. 그 외에도 "군자나 소인 모두 좋아하지 않는 사람이 없고, 부귀하거나 빈천하거나 모두 음용하지 않는 사람이 없다", "여러 날 음식을 먹지 못하는 것은 괜찮지만 하루라도 차가 없으면 안 된다"라는 등 유사한 표현은 흔했다. 결코 과장된 표현이 아니었다는 사실도 주목할 만하다.

차에는 본래 손님을 대접한다는 의미가 있었는데, 손님에게 차를 대접한다는 것은 관료나 문인에게 한정된 것이 아니었다. 점차 누구나 손님이 방문하면 대접해야 하는 매우 보편적인 일이 되어갔다. 주욱朱彧은 《평주가담萍洲可談》에서 중국과 거란의 차 마시는 풍속을 비교했는데, 손님이 오면 차를 내고 떠날 때는 탕을 내는 것이 중국의 보편적인 풍속이라고 했다. 반면 거란에서는 탕을 먼저 내고 나중에 차를 마신다며, 거란에 사신으로 다녀온 아버지 주복朱服에게서 들은 이야기를 기록했다.

당시 송에서는 손님이 오면 차와 탕을 대접하는 것이 보편적인 풍속이었다. 말 많고 귀찮은 손님을 빨리 보내려면 탕을 빨리 내오는 것이 가장 좋다는 우스갯소리가 있을 정도였다. 끽차

喫茶와 끽탕喫湯이 조합된 '객례客禮'는 궁정이나 관청에서뿐만 아니라 민간에서도 행해질 만큼 광범위하게 지켜졌다. 여기서 탕은 약재를 넣어서 만든 따뜻하거나 찬 음료로, 감초를 넣어 단맛과 향을 더하기도 했다.

송 대의 회화에도 손님에게 차를 대접하는 모습이 나타난다. 〈음다도飮茶圖〉[7]는 부채에 그려진 그림인데, 손님을 맞는 여주인과 손님으로 온 듯한 여인의 모습이다. 왼쪽에 있는 여인은 다반을 받쳐 든 시녀의 시중을 받으며 찻잔을 들려 하고 있다. 그녀를 바라보는 오른쪽의 여인은 자태로 보아 예의바른 손님으로 보인다. 뒤를 따르는 시녀의 손에 들린 비단에 싼 상자는 예물인 듯하다. 아마도 손님을 막 맞이하여 차를 권하려는 상황 같다.

송 대 사람들은 다양하면서도 풍부한 음료를 즐겼다. 이는 《몽량록》에 기록된 차와 탕에 대한 기사를 보면 잘 알 수 있다. 이 시기에는 약재와 건강에 좋은 식품을 혼합해 섞은 여러 가지 음료가 발달했다.

계절마다 다양한 차와 탕을 판매했는데, 겨울에는 칠보뇌차七寶擂茶와 총차葱茶 또는 염고탕鹽鼓湯을 팔았다. 여름에는 설포매화주雪泡梅花酒를 더해 팔았고, 축비음서약縮脾飮暑藥(비장을 오그라뜨리고 더위를 쫓는 약) 같은 종류를 팔았다.

음다도

차와 탕을 함께 갖추지는 못했더라도 차가 손님을 대접하고 사교의 매개가 된 것은 하층민에게도 동일했다. 송 대에 민간에서 전승되던 이야기를 모은 책인 《이견지夷堅志》에 실린 복주福州 지역의 한 이야기는 당시 차를 마시는 것이 얼마나 일상적이었는지를 잘 보여준다. 이야기는 한 아이의 엄마가 차를 마시러 이웃집에 놀러 간 사이에 키우던 돼지가 강보에 쌓인 어린아이의 팔과 다리를 물어 아이가 사망하고 말았다는 참담한 내용이다. 돼지와 한 공간에서 생활할 정도로 가난한 사람에게도 차를 마시는 것은 익숙한 생활습관이었던 것이다.

또 이웃과 사이좋게 지내는 데도 차가 한몫했음을 알 수 있다. 항주에서는 이사를 온 사람이 있으면 짐도 옮겨주고 차탕도 보내주면서 이웃 간에 우의를 다졌는데, 이는 일반적인 일이었다. 나아가 차는 어려운 사람의 생계수단이나 구걸 수단이 되기도 했다. 거리나 골목에는 다병을 들고 나와 사람들이 많이 드나드는 집 문 옆에서 차를 끓이는 사람들이 있었는데, 이들은 차를 팔기도 했고 이웃 간의 소식을 전달해주는 심부름을 하기도 했다. 송 대에 사람들은 초하루나 보름 또는 길흉사가 있을 때 이웃에 차를 끓여 보내 소식을 전했는데, 이때 다병을 들고 다니며 파는 사람을 고용하곤 했다. 또 관사 등의 문 앞이나 거리에서 자리를 깔고 찻물을 끓여 주며 사람들에게 돈과 물건을 구걸하는 사람도 있었다.

금으로도 얻을 수 없는 차

서민사회로 이행하면서 많은 것을 다수가 공유하게 됐다고 해서 특별한 가치와 독점적 소비가 사라진 것은 아니었다. 오히려 이 시기에는 가치를 가늠할 수 없을 정도로 귀한 차가 존재했다. 왕조시대에 황제를 위한 어차의 특별 관리는 일찍이 나타난 현상이었다. 어차는 초기 차 생산지에서 나는 최상품 단계에서 시작해 종국에는 모든 차 종류 가운데 최상위의 위치를 점하는 단계로까지 발전했다. 그러면서 '금을 가지고도 구할 수 없는 차'가 존재하게 됐고, 그때가 바로 송 대였다.

송은 황실의 차를 민간의 차와 차별화하면서 황실차의 고급화를 극단적인 수준으로까지 끌어올렸다. 그 결과 금을 가지고도 구할 수 없는 차가 탄생할 수 있었다. 그 귀함이 어느 정도였는지는 구양수가 《용차록후서龍茶錄後序》에 기록해놓은 경험담을 통해 살펴볼 수 있다.

송 대 인종 당시는 소룡단小龍團이 최고의 차였다. 소룡단은 경력慶歷(1041~1048) 연간에 채양蔡襄이 복건전운사로 있으면서 올린 어차였다. 20병餅이 한 근(600그램)이 되는 아주 소량

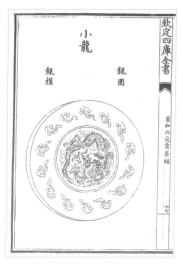

소룡

의 차였다. 용과 구름 문양을 새긴 은으로 만든 둥근 함에 넣어 30그램의 소룡단 한 병이 완성됐다. 인종은 이 소룡단을 극진히 아껴서 재상조차 그 맛을 보기가 어려웠다. 매년 남교南郊에서 대례를 지냈는데, 신하들은 치재致齋하는[8] 저녁에야 겨우 소룡단을 하사받을 수 있었다. 그것도 중서성과 추밀원에 네 명당 한 병을 내려주었을 뿐이다. 이때 황제는 궁인이 금을 잘라 만든 용봉화초로 소룡단 위를 덮어서 주었다. 소룡단을 나누어 가진 관료는 그것을 귀하게 집으로 가져갔지만 감히 맛보려 하지 않았다. 집에 소장해두고 귀한 손님이 방문하면 꺼내어 서로 아껴서 볼 뿐, 정말로 귀하게 여겼다. 친근하지 않은 이에게는 보여주는 것조차 아까워했다.

인종은 1062년 명당明堂에서 제사를 올리고 치재하는 저녁에 처음으로 사람마다 한 병씩 소룡단을 하사했다. 구양수도 이때 처음으로 소룡단 한 병을 받았다. 그가 간관諫官으로 조정에 등원한 지 20여 년이 지난 때였으니 소룡단을 받는 것이 얼마나 어려운 일이었는지 알 수 있다. 구양수 역시 이것을 갈아서 마시지 않고 《용차록후서》를 쓴 1064년까지 2년 동안 그대로 간직했다.

이와 같이 고관대작조차 그저 보석처럼 보관하다가 귀한 손님이 왔을 때만 꺼내어 자랑삼아 보여주고 만져보게 해줄 정도였으니 이러한 차의 가격을 논한다는 것 자체가 어불성설 아니겠는가. 거래하여 구할 수도 없는 차였으므로 아무리 부자인들 금을 싸들고 구하려 해도 구할 수 없었음은 당연한 일이었다. 바로 이러한 차가 금과도 바꿀 수 없는 차였던 것이다.

황제의 차, 북원차

'금으로 살 수도 없고 금과도 바꿀 수 없는 차'가 존재하는 현상이 송 대에 나타난 것은 황실차를 특별히 관리하고 일원화하여 이전보다 더욱 민간의 차와 차별화했기 때문이다. 송의 황실차는 북원에 위치한 어다원에서 독점적으로 공급했다. 이러한 단일 공급은 이전에는 유례가 없는 일이었다.

모든 상품에서 품질 향상과 고가 경쟁은 일반적으로 나타나는 현상이다. 차가 음료로 보급되면서부터 좋은 차, 귀한 차에 대한 선호는 꾸준히 높아졌다. 한때는 일부 상층에 한정되기도 했지만 사회적, 경제적 환경이 좋아지면서 대중이 즐기는 차가 됐다. 그 시작은 당 대부터였다.

당 대에 이르면 차는 전국으로 보급되어 보편적인 음료로서 자리를 잡게 된다. 차 가운데 일부 상등급 차는 그 희귀성과 원거리 유통 덕에 고가 경쟁을 하는 상품으로 성장했다. 차는 일부 귀족의 향유물에서 대중이 즐기는 생필품으로 확대되는 과정에 있었으므로 그 이익이 큰 만큼 상인과 생산자 간의 경쟁은 더욱 치열해지고 있었다.

여기에 더 강력한 힘을 실은 세력은 황실이었다. 황실차를 공급하기 위한 특별한 방식은 어다원 설치로 나타났다. 이미 5세기 남조의 송나라 때 오흥 오정현 온산溫山에 어다원이 설치됐던 사례가 보인다. 이때는 황실차라는 차별성을 의도하기 위해서라기보다 황실 수요의 차를 안정적으로 공급받기 위한, 즉 공급의 상례화에 더 무게가 실려 있었다.

황실차에 차별성을 확보하려는 적극적인 노력은 당 말기 이후부터 나타났다. 8세기를 지나면서 당 왕조는 열일곱 곳에서 토공土貢 방식으로 차를 상납받았다. 그 수량은 황실의 수요를 넘어서 국가 운영비로 전용해 쓸 만큼 많았다. 이미 황실 수요에 맞게 안정적으로 공급하는 단계는 지난 것이다.

이러한 상황에서 당 왕조는 상주와 호주의 경계를 이루는 고저산에 공다원貢茶園을 설치하여 토공 방식이 아닌 관 주도의 황실차 제조에 들어갔다. 이 고저공배顧渚貢焙에서 매년 1만 8400근의 황실차가 생산됐고, 상주 의흥차와 호주 자순차는 당대 최고의 차가 됐다.

민간의 차와 차별화하려는 노력은 그다음 왕조인 송 대에 정점을 찍었다고 할 수 있다. 999년 30여 곳에서 토공 방식으로 차를 상납받던 것을 폐지한 송조는 황실 수요의 차를 복건로 건주의 북원에서만 생산하여 공급하게 했다. 다양한 차보다는 최고의 차, 즉 민간과 차별되는 권위 있는 황실의 차를 지향했던 것이다.

공차제도는 매매 과정을 생략하고 공식적인 시장 단계를 뛰어넘는 것이었다. 민간의 차 판매와 유통의 발전에 역행하는 방식이었다. 차를 통한 국가의 이익과 그 활용도가 높지 않았을 때는 전매와 공차제도를 병행하는 것이 어렵지 않았다. 그러나 차 전매로 생기는 이익과 그 기여도가 높아진 상황에서 전매와 공차 제도는 공존하기 어려웠다. 게다가 10세기 이후 국제 질서의 주도권이 북방 민족인 거란에 있었으므로 송 조정은 국방과 외교를 위한 경제 정책을 최우선순위에 놓을 수밖에 없었다. 차 소비가 보편화된 상황에서 차를 유용한 재원으로 활용하려는 방향으로 정책이 세워졌고, 그 결과는 공차 지역의 축소로 나타났다.

결국 공차의 제조와 운반을 위한 인적, 물질적 비용에 따른 어려움과 곤란함을 인정하여 30여 주에서 진공하던 공차제도를 폐지했다. 대신 당시 최상의 차를 생산하던 건주 북원에 어다원을 조성하고 차 생산과 제조 기술을 제고하며 독점적인 황실차를 생산하도록 했다. 황실 공급 외에는 민간으로 판매되지 않는 차였다. 황실차로서 북원차의 명성은 송조 내내 유지됐다. 이제 북원차를 마시는 것은 황제가 누리는 권리가 됐고, 북원차는 곧 황제의 권위를 상징했다. 황제는 1155년 국난으로 모든 공물을 중단하는 상황에서도 북원차만은 포기하지 않았다.

북원차가 자라는 복건 지역에서 생산되는 차는 용龍·봉鳳·석유石乳·적유的乳·백유白乳·두금頭金·납면蠟面·두골頭骨·차골次骨·말골末骨·추골麤骨·산정山挺의 12등급으로 나누어졌다. 석유 이하는 민간에서도 제조되어 일반적으로 판매됐지만, 용차와 봉차는 오로지 황실의 차였다.

황실차를 생산하는 북원에서는 끊임없이 품질 제고를 이루며 계속해서 최상의 차를 만들어냈다. 용차를 능가하는 소룡단이 인종 때 제조됐고, 다시 이를 능가하는 서운상룡瑞雲翔龍이 만들어졌다. 이전의 차를 능가하는 차가 다시 제조되는 방식이 이어져 휘종이 극찬했던 백차白茶가 만들어졌고, 백차를 능가한 용단승설이 만들어지기까지 40여 종에 이르는 차가 황실에 상공됐다. 이들 차는 민간에서는 구경조차 하기 힘들었다. 이 40여 종의 황실차는 대부분 소아小芽라고 불리는 참새의 혀雀舌와 매의 발톱鷹爪 같은 모양의 채 펴지지도 않은 새싹으로 제조됐다. 그 찻잎인 원료조차 귀함의 절정이었다.

차 새싹茶芽의 등급은 소아·간아揀芽(中芽)·자아紫芽의 순으로 구분했는데, 소아는 직설과 응조 같은 뾰족한 모양이어서 아차芽茶라고도 했다. 간아는 1창 1기, 자아는 1창 2기였다. 여기에 수아水芽라고 하는 새로운 찻잎 등급이 생겼는데, 그것은 절대 등급의 차라고 할 수 있는 용단승설이 만들어지는 과정에서 탄생했다.

40여 종에 달하는 황실차 모두 민간에서는 생산하기 어려운 방식으로 만들어졌다. 그중에서도 용단승설은 매우 특별한 방식으로 제조됐다. 1120년 정가간이 쪄서 익혀낸 찻잎을 물속에 넣고 가운데 있는 하나의 속심만 가려내서 그 여리고 얇은 은색

백차와 용단승설

실 같은 모양을 띤 은선수아라고 하는 새로운 차를 만들어냈는데, 이것으로 완성한 것이 용단승설이다. 용단승설은 사방 1치 2푼(약 3.6센티미터) 크기로 제조해 은으로 구불구불 승천하는 용무늬를 새겨 만든 대나무 합에 담았다. 직경이 4.5센티미터인 둥근 형태의 백차 한 개 또는 사방 3.6센티미터의 사각형 용단승설 한 개를 만드는 데 드는 비용이 거의 3만 전이었다고 하니, 가히 놀라운 일이다.

군량과 차

차 소비가 보편화되면서 차는 국가의 유용한 재원으로 활용됐다. 송의 차 전매는 그러한 적극적인 국가의 활용 방식이 잘 녹아 있는 정책이었다. 송의 차 전매는 건국 직후인 962년 차 생산지인 회남 지역에 전매기구를 설치하는 것으로 시작됐다. 송이 중국을 통일하기까지는 17년이 걸렸으므로 그 기간 동안 강남의 차는 수입품이었다. 이전 시대부터 강남의 차는 강남 상인에 의해 화북 지역으로 공급되고 있었다.

이에 송 태조 조광윤은 964년 경사와 양자강의 이북 연안에 전매기구를 설치하고 교역을 통제했다. 기존에 강남 상인은 화북 지역으로 차를 가져와 판매하여 큰 이익을 얻어 돌아가곤 했다. 송 태조는 이들 상인에게 신변의 안전을 보장하지 못한다는 명분으로 국경을 넘어오지 못하게 했다. 국경에 설치된 전매기구인 각화무榷貨務에다 물건을 모두 넘기도록 한 것이다. 이렇게 해서 송 조정은 강남 상인의 이익을 국가 재정으로 끌어들였고, 이것은 통일 이후에도 기본적인 방식이 됐다. 양자강을 경계로 그 이북 지역으로의 판매를 장악하여 이익을 추구하는 방식은 당시 송조가 시행한 차 전매의 기본적인 틀이었다. 결국 전국 통일을 이루기도 전에 이미 차 전매의 기본 틀이 완성됐다는 이야기다.

양자강 연안에 설치된 각화무에서는 화북 상인에게 다시 차를 불하했다. 특히 군량 조달이 중요한 시점에는 상인에게 군량의 운반을 맡기기도 했다. 그 대가로 원하는 전매품의 판매권을 주었다. 상인들은 해주海州에 설치된 각화무에서 불하받는 차 판매권을 가장 선호했다. 강남의 좋은 차가 주로 집산됐기 때문이다. 또한 유일하게 양자강 이북이 아닌 회수 이북에 설치되어 주요 차 판매 지역인 화북으로의 진입이 수월하기 때문이기도 했다. 멀고 어려운 지역에 군량을 운반하면 좋은 차의 판매권을 우선 배정받을 수 있었다. 이 방식은 관에서 군량을 운반할 때보다 훨씬 효과적이었다. 즉 이익이 있는 곳에 상인이 발 빠르게 움직인다는 것은 만고불변의 진리였다.

군마와 차

오랫동안 '견마무역絹馬貿易'으로 상징되던 중국과 유목민족 사이의 무역은 11세기에 이르러 공식적으로 '차마무역茶馬貿易'으로 바뀌었다. 그것은 중국의 비단 수출이 쇠락했기 때문이 아니라 새로운 주력 무역 상품으로 차가 등장했기 때문이다. 유목사회의 차 수요가 증가하자 송은 군사적으로 중요한 말을 구입하는 데 차를 활용하기로 했다. 즉 말 구입을 보다 원활하게 하려는 목적으로 유목민족이 가장 원하는 차를 우선으로 사용하는 정책을 내세운 것이다.

주변 유목민족에게 차는 이미 이전 왕조인 당 대부터 보급되고 있었다. 유목민에게 차는 점차 선호하는 음료에서 필수 음료로 발전했다. 유목민족이 식생활에서 가장 어려움을 겪은 것은 비타민 공급이었다. 이동 생활을 하면서 식물을 재배해 수확한다는 것이 쉽지 않았기 때문이다. 비타민 부족으로 발생하는 괴혈병은 유목민을 괴롭히는 가장 두려운 질병이기도 했다. 그런데 중국에서 수입해온 차가 비타민 부족으로 발생하는 질병의 빈도를 낮추어주었다. 이외에 소화를 돕는 등 약리적 작용을 가진 차는 동물성 식품을 위주로 먹는 유목민에게 매우 유용한 것이었다. 그리하여 점차 유목민에게도 차는 꼭 마셔야 하는 음료로 자리를 잡게 됐다.

8세기 당 대의 기록인《봉씨문견기》에 이미 회흘回紇(몽골고원과 중앙아시아에서 활약한 튀르크계 민족)이 입조하면서 명마名馬를 대거 몰고 와서 차를 사가지고 돌아갔다는 기록이 보인다. 9세기 초의 기록인《당국사보唐國史補》에는 서번西蕃에 사신으로 온 중국 관리 앞에서 찬보贊普(토번 왕의 칭호)가 자신이 가지고 있는 중국차를 자랑한 일화가 실려 있다. 이때 찬보는 다양한 중국산 차를 가지고 있었는데, 회남차뿐만 아니라 사천차와 강남차까지 두루 가지고 있었다고 한다. 차는 지배층의 수집 취미에 그치지 않았고, 시간이 지나면서 유목민 전체가 차를 즐겨 마시는 정도에 이르렀다. 송 대에 주변 유목민 사회에서는 차를 '차미茶米'라고 불렀다. 질병이 생겨도 차를 이용해 치료했고, 아침저녁으로 없어서는 안 되는 것이 되어갔다.

960년에 건국한 송은 중국의 통일 왕조 가운데 영토가 가장 협소했다. 또 당시는 유목민족이 흥기했던 때로 국제 질서의 중심은 북방에 있었다. 전쟁에서도 기동력이 강조되는 기마전으로 승부가 결정됐다. 송은 존립 기간 내내 거란, 서하, 여진과 끊임없는 전쟁을 해야 했다. 어느 때보다도 국방 문제가 최우선이던 시대였다. 경제력은 강한데 군사력이 약했다는 설명은 매우 아이러니하게 들리지만 송의 상황이 그러했다. 당시에는 전투마 확보와 기마술이 군사력 우위의 관건이었다. 농경민이 유목민의 기마술을 능가한다는 것은 어려운 일이었다. 게다가 전투용 말을 자급하기도 어려웠다. 그 어느 시기보다 말의 안정적 확보가 절실했던 송은 그 필요에 맞추어 유목민족에게도 절실히 필요했던 차를 교역 대상 물품으로 활용했다.

이에 송은 1074년 차마무역을 공식화했다. 이 무역은 차와 말을 맞교환하는 방식이었다. 말은 송이 가장 우선시하는 수입

품목이었고, 차는 주변 유목민족에게 그러했다. 말과 차의 교환 방식은 말 1필과 차 1태駄(100근)를 기준으로 시작됐다. 말과 차의 등가는 상황에 따라 바뀌었다. 변경 지역의 긴장이 완화될 때는 말 가격이 떨어지기도 했지만, 전반적으로 차 가격이 하락하는 현상이 더 컸다. 관리의 부패와 더불어 사향, 주옥 등의 사치품 구매를 통해 차가 무분별하게 주변 지역으로 유출된 것도 말 구입용 차 가격 하락의 한 원인으로 작용했다. 운영에 여러 문제점이 있었지만 차마무역은 주변 지역의 유화 정책으로도 효과가 높았기 때문에 이후에도 지속적으로 시행됐다.

덖음차

중국의 차 문화는 녹차, 그중에서 덩어리차로 시작됐고 그 후
오랫동안 덩어리차를 가루로 낸 말차를 마셔왔다. 그런데 15세
기에 이르면 말차를 마시는 습관은 사라지기 시작한다. 구준은
《대학연의보》에서 원 대까지는 말차가 주류였으나 명 대에 와
서는 잎차가 주류가 됐고, 차츰 말차가 사람들의 기억 속에서
사라져갔음을 이렇게 기록했다.

원나라의 기록에는 오히려 말차가 있다고 나온다. 지금은 복건閩과
양 광廣 지역 사이에서나 말차를 음용할 뿐이다. 현재 중국에서는
잎차가 보편적으로 음용된다. 주변 민족도 말차가 있었다는 사실을

알지 못한다.[9]

    말차(말차 소비)가 사라지게 된 결정적인 계기는 단차團茶 제조의 금지에 있었다. 단차는 덩어리차를 일컫는데, 시대에 따라 병차, 편차 등 다양한 이름으로 불렸다. 당·송 대 이래 덩어리차 형태로 보관하던 찻잎을 가루를 내서 마시는 방식이 차 마시기의 주류를 이루었다. 명 태조 주원장은 제조 공정에 노력이 많이 드는 단차 제조를 중지하고 잎차를 진상케 했다. 이로써 시대에 따라 병차, 편차, 단차 등으로 불렸던 덩어리차는 역사 속으로 사라지게 됐고, 대신 잎차를 물에 우려서 마시는 포차법이 주류를 이루게 됐다.

    그렇다고 잎차 형태의 차가 이때 처음 제조된 것은 아니다. 8세기에 쓰인 《다경》에도 이미 산차라는 명칭의 잎차가 있었다. 《다경》에 따르면 당시 차의 종류에는 추차, 산차, 말차, 병차가 있었다. 추차는 조차粗茶라고도 하며, 거친 찻잎으로 만든다. 다만 그 형태가 어떠했는지는 알 수 없다. 산차는 병차와 반대되는 개념의 차로, 덩어리 형태가 아닌 흩어진 찻잎 형태 그대로의 차였다. 말차는 글자 그대로 가루를 낸 차를 일컬었다.

    《다경》이 저술된 당 대에는 증제법으로 차를 만들었다. 오래 보관할 수 있고 원거리까지 교역할 수 있는 차는 증제법으로 만든 병차였다. 당시 증제법이 차를 만드는 유일한 방법은 아니었지만 주요 방식이었고, 그 후로도 송·원 대인 14세기까지는 증제법이 주류를 이루었다.

증제법으로 차를 제조하는 과정도 《다경》에 상세히 기록돼 있다. 차는 채菜, 증蒸, 도搗, 박拍, 배焙, 천穿, 봉封의 일곱 공정을 거쳐 만든다. 먼저 음력 2월부터 4월 사이의 맑은 날에 찻잎을 따서 시루에 찐 다음 절구에 넣고 찧는다. 찧은 찻잎을 둥글거나 네모 혹은 꽃 모양 틀에 넣어 모양을 만든다. 대나무로 짠 손잡이가 달린 네모난 체 위에 차를 모양이 흩어지지 않게 널어 건조한다. 송곳으로 가운데 구멍을 내고 대나무 막대기에 차를 꿰어서 불을 쬐어 말린다. 다시 대나무나 닥나무 껍질로 꼬아 만든 줄에 꿰어서 대나무로 짜고 종이를 풀칠해 만든 보관함에 걸어두어 보관한다. 이 보관함은 2단으로 되어 있어 위쪽 칸은 차를 두어 보관하는 곳으로 쓰고, 아래쪽 칸은 잿불을 담아놓는 불 자리로 사용한다. 강남 지역에서는 여름에 장마가 시작되면 습기가 높아져서 차가 부패하기 쉬웠다. 이를 막기 위해 필요할 때마다 보관함 아래쪽 칸에 잿불을 놓아 차의 건조 상태를 유지했다.

차를 만드는 방법은 증제법에서 초제법으로 발전했다. 당 대에도 덖어서 만드는 초제법이 존재했다는 기록이 남아 있다. 하지만 이는 유우석劉禹錫의 시 〈서산사원에서 차를 마시며 노래하다西山蘭若試茶歌〉에 나오는 매우 단편적인 기록이다. "향기나는 풀 무리 곁으로 가 매부리 같은 잎을 따네. 이것은 모름지기 덖어야炒 향기가 방 안에 가득하나니"라고 한 구절이 초제법 존재의 증거일 뿐이다. 따라서 당 대의 산차를 초제법에 따른 것으로 보기에는 무리가 있고, 단지 초제법이 이미 당 대부터 일부 사찰을 통해 전승됐다는 사실은 알 수 있다. 그러다가 송·원 대를 거쳐 명 대에 이르러 산차를 만드는 주된 방법으로 자리 잡았다고 이해해야 할 것이다.

송 대에는 차를 편차와 산차로 구분했고, 편차 중에서도 복건의 납차臘茶가 유명해서 별도로 구분하기도 했다. 산차는 초차草茶라고도 했으며, 가장 대표적인 생산지는 양절兩浙이었다. 차는 형태적으로 고형차固形茶인 덩어리차와 잎차, 말차가 있었는데, 덩어리차는 병차·편차·단차·과차·납차 등을 포괄하는 것이다. 잎차는 산차와 초차를 포함하고, 말차는 그것이 본래 덩어리차였든 아니든 다마나 다연 등 차를 가는 기구를 이용해 갈아낸 차를 의미했다.

찻잎을 덖어내는 초제법이 부분적으로 혹은 지역에 따라 상당히 퍼져 있었다 해도 찻잎을 쪄내는 증제법에 따른 차 생산이 여전히 주류였던 시절에는 덩어리차든 잎차든 마실 때는 대개 갈아서 가루 형태로 만들었다. 따라서 형태적으로 분류할 때 말차가 존재했다고 볼 수 있다. 또 말차의 존재는 차를 마시는 것이 상당히 대중적이었다는 사실을 반영하는 대표적인 증거다. 즉 매번 마실 때마다 찻잎을 간다는 것은 번거롭기도 했을 것이고, 경제적으로 풍족하지 않은 사람에게는 차를 가는 다구까지 갖추어야 한다는 것이 부담이었을 것이다. 그래서 많은 사람이 이미 갈아서 파는 차를 손쉽게 사서 마셨던 것이다. 이렇듯 말차의 존재는 중국 차 문화의 보급과 발전 정도를 대변하는 하나의 요소라고 할 수 있다.

초기에 차가 병차와 같은 덩어리 형태였다는 것은 제조 시의 저장 기술과 밀접한 관련이 있었다. 알맞은 수분 함량을 유지할 수 있는 기술이 미숙했으므로 지나치게 건조되어 잎이 모양을 유지하지 못하고 부서져버리는 것을 방지하기 위해 덩어리 형태로 만들었을 것이다. 게다가 덩어리 형태가 보관상 편리하다는 점도 감안했을 것이다. 그러다가 후에 산차 형태가 출현했는데, 이것은 차 제조 기술이 상당히 발전했음을 의미한다.

차를 만드는 방법은 증제병차법에서 기술의 발전에 따라 증제산차법 단계로 나아가고, 그 후 초제산차법으로 넘어간다. 초제산차법 단계는 오랜 세월이 흐른 뒤인 명 대에 들어와 주류로 확립됐다. 명 태조 주원장에 의해 1391년 용봉단차 제조가 금지되면서 점차 병차는 쇠퇴하고 산차가 주도적인 위치에 올랐는데, 이때가 초제산차법이 주류로 확립되는 시기였다. 명 대의 다서茶書에 초제법에 관한 자세한 기록이 나온다는 사실도 이를 방증한다.

1530년경 저술된 전춘년錢椿年의 《다보茶譜》에 다서로서는 처음으로 초제법이 기록되어 있다. "찻잎은 하늘의 색이 청명한 날 따고, 덖고炒 건조하는焙 것을 정확히 해야 한다"라는 간략한 기록이지만, 의미는 크다.

1595년경 쓰인 장원張源의 《다록茶錄》과 1597년경에 쓰인 허차서許次紓의 《다소茶疏》에는 초제법이 비교적 상세히 설명되어 있다. 《다록》에는 "새로 딴 잎에서 오래된 잎과 가지, 부스러진 것을 가려내고 솥의 너비는 2척 4촌으로 한다. 차 한 근 반을 불에 쬐다 솥이 뜨거워지면 차를 넣고 빨리 덖는다. 불이 약해지면 안 된다. 익기를 기다려 불을 물리고 채반에 올려놓는다. 두 손의 힘이 두루 미치게 하고 다시 솥에 넣는다. 불을 점차 약하게 하여 알맞게 건조한다"라고 했다. 처음에 달구어진 솥의 온도를 유지하면서 차를 빨리 덖어낸다는 것은 산화효소를 없애는 공정이고, 채반에서 두 손의 힘을 두루 미치게 한다는 것은 비비는 작업으로 찻잎의 겉 세포조직을 깨면서 동시에 수분 상태를 고르게 하는 공정이다. 마지막 건조 작업까지 세

차례의 공정은 지금의 녹차를 만드는 방법과 별반 다르지 않다.

《다소》에는 "신선한 찻잎은 딴 직후에는 아직 향기가 뚫고 나오지 못하므로 반드시 불의 힘을 빌려 향기를 발산하게 해야 한다. 그러나 본성이 힘든 것을 견디지 못하니 오래 덖는 것은 마땅치 않다. 많은 양을 솥에 넣으면 손의 힘이 고르게 미치지 않고, 솥 안에 오래 두면 지나치게 익어버려 향기가 달아난다. 심지어 말라버리면 끓여 마실 수 없게 된다. (……) 찻잎은 즉시 따서 즉시 덖는다. 한 솥에 4량兩의 찻잎을 넣고 먼저 약한 불文火에 쬐어 부드럽게 한 다음 센 불武火로 빨리 덖는다. 손 모양을 한 막대기를 들고 빨리 휘저으면서 절반 정도 익게 한다. 향이 미미하게 나기를 기다렸다가 바로 빠르게 작은 부채를 이용해 덖은 차를 대나무 그릇에 옮겨 담는다. 밑에 목면이나 큰 종이를 깔고 불을 쬐이며 한참 두었다가 식기를 기다려 병에 담아 보관한다"라고 기록되어 있다.

《다소》의 초제법 기술에서 '즉시 작업한다'는 것을 강조했는데, 여기에 주목할 필요가 있다. 즉 따는 즉시 덖어내야 맛과 색이 좋은 녹차를 생산할 수 있는데, 바로 여기서 발효차의 가능성을 찾아볼 수 있는 것이다. 빨리 작업을 하지 못하거나 솥에서 약한 불로 쬐는 시간이 길어질 때 충분히 발효작용이 일어날 수 있기 때문이다. 이렇게 덖는 방식으로 차를 생산하는 방법이 확립되면서 비로소 우롱차와 홍차 등 다양한 발효 정도를 가진 차가 개발될 수 있었다.

'오차'에 관한 기록

발효차가 언제 시작됐는지는 기록이 없어 정확히 알기 어렵다. 일반적으로 발효차는 명말청초明末淸初에 발전했다고 본다. 하지만 훨씬 앞선 시기에 발효차가 있었던 흔적이 구체적이지는 않지만 기록으로 남아 있다.

원나라 사람 방회方回가 쓴 《영규율수瀛奎律髓》에는 당시 차의 종류를 지역에 따라 열거한 내용이 나온다. 그는 황보증皇甫曾이 쓴 오언시인 〈육우를 전송하며送陸羽〉에 대한 평을 쓰면서 당시 차의 종류와 지역적 특색 그리고 차 마시는 습관에 대해 기록했다.

그에 따르면 원나라 때 차의 종류는 형태적으로 말차, 병차(편차) 그리고 잎차가 모두 있었다. 잎차인 아차芽茶·청차靑茶·오차烏茶는 호남과 서천西川, 강동, 절서 지역에서 제조됐다. 여기서 아차, 청차, 오차를 어떤 종류로 볼 것인가에 따라 발효차의 가능성을 추정할 수 있다. 차나무 품종에 따른 명칭이 아니라면 청차와 오차를, 아니면 오차만을 발효차로 해석할 수 있다.

찻잎을 따서 차를 만들 때 시간이 지체되는 일은 종종 발생했을 것이다. 그러면 산화작용이 발생해 찻잎 내의 화학성분이 크게 변하면서 찻잎의 색이 갈변하는데, 바로 여기서 발효차가 시작됐을 것이다.

명 초에는 증제오차蒸製烏茶를 만들어 강족羌族의 말을 구입하기도 했다. 명 태조 주원장은 1388년 천전육번초토사天全六番招討司 관할의 여덟 개 지역 향촌민에게 요역을 면제해주고 오차를 만들게 했는데, 이를 말과 교역해 큰 이익을 거뒀다. 선종 대인 1430년에도 동일 지역에 오차와 아차에 대한 같은 조치를 취했다는 기록이 남아 있다.

청 대의 황숙경黃叔璥이 저술한 《대해사사록臺海使槎錄》에는 복건의 장주漳州와 천주泉州를 중심으로 한 상선의 무역 활동에 대한 기록이 남아 있다. 그에 따르면 차는 주로 건녕建寧에서 선적됐으며, 동북의 관동 지역에 가서 판매했던 상품 가운데는 오차와 황차黃茶가 있었다. 여기서 황차는 1760년 조선에 표류했던 중국 선박에 가득 실려 있던 황차와 같은 것이 틀림없다. 당시 이덕리는 표류선에 실려 있던 차의 모양에 대해 "줄기가 몇 마디 길이인 것도 있고 잎이 네댓 장 붙어 있는 것도 있다", "창처럼 뾰족한 가지가 이미 길게 자란 것으로 볼 때 결코 이른 봄에 딴 것이 아니다"라고 묘사했다. 이러한 모양새로 보건대 이때의 오차와 황차는 대중적인 저가의 차였을 것이다. 또 검고 누렇다는 색깔이 차 이름으로 사용된 것으로 보아 녹차라기보다는 일정 정도 발효된 차였을 것으로 볼 수 있다.

우롱차

우리는 대개 중국 사람은 우롱차烏龍茶를 많이 마신다고 생각한다. 그런데 사실 중국인이 소비하는 차 가운데 우롱차가 차지하는 비중은 그리 높지 않다. 우롱차는 복건, 광동 등 중국 남부 지역과 타이완에서 생산되는데, 중국에서 생산되는 차의 7퍼센트 정도, 세계 차 생산량에서는 2퍼센트밖에 차지하지 않는다. 그런데도 우롱차가 중국을 대표하는 차라고 알려진 것은 왜일까?

생산량도 많지 않고 소비 지역도 제한된 우롱차가 중국인이 주로 마시는 차로 알려진 것은 근대 이후 외부와의 교류가 주로 항구를 통해 이루어졌다는 사실에 기인한다. 차를 의미하는 각국의 단어가 광동어과 복건어의 두 계보를 통해 정리된다는 사실도 이와 맥을 같이한다. 광주廣州와 하문廈門 등 중국 동남 연안의 항구와 동남아시아 연안 등지를 무대로 중국 상인, 특히 복건 상인이 활발한 활동을 했고, 이곳으로 여러 나라의 상선이 모여들었다. 남부 중국인이 즐겨 마셨던 우롱차는 이러한 교류를 통해 중국인의 차로 알려지기 시작했다.

우롱차를 중국 남부 지역 사람이 즐겨 마셨던 이유는 생산 지역이 남부에 치우쳐 있다는 이유 때문만은 아니다. 우롱차는 농후한 꽃 향이 있으며, 마시면 입 안이 상쾌하면서 시원한 듯한 느낌을 준다. 우롱차가 가진 풍미가 습하고 더운 남쪽 지방에 적합했던 것이다.

우롱차는 청차靑茶라고도 불리는 10~70퍼센트 정도 발효를 거친 반半발효차다. 황갈색에서 홍갈색까지 종류에 따라 다양한 색이 우러나며, 녹차에 비해 떫은맛이 약하다. 이는 발효에 따라 떫은맛을 내는 카테킨의 함량이 감소하고 그와 관련된 화합물이 생성되기 때문이다. 그래서 달고 중후한 뒷맛이 난다. 또 자연의 꽃 향과 과일 향을 담고 있어 맛 못지않게 향이 강조된다. 몇 번을 우려 마셔도 향기가 남는다. 이 향을 내기 위해 잎이 여린 1창 1기나 1창 2기가 아닌, 충분히 자란 1창 3기의 펼쳐진 잎을 따서 우롱차를 만든다. 차를 작은 다호와 작은 잔에 담아 진하게 마시는 중국인의 차 마시는 습관도 향을 즐기는 이 우롱차에서 기인한 것이다. 중국 다구에 별도의 향배香杯가 있는 것을 보면 중국인이 향을 얼마나 중시했는지 알 수 있다.

우롱차의 기원은 무이암차武夷岩茶의 기록과 함께 시작된 것으로 볼 수 있는데, 그 시기는 대개 16세기 후반 정도다. 이 시기에 찌지 않고 덖어 만드는 초제법에 의한 녹차 기록이 함께 보이는 것을 보면 초제법의 탄생으로 다양한 차를 만들 수 있는 기술이 가능해졌음을 알 수 있다.

우롱차가 처음에 어떻게 만들어졌는지에 대해서는 여러 이야기가 전한다. 우롱차의 잎은 크고 잘 말린 모양인데 색이 까마귀처럼 검고 용처럼 굽었다고 해서 우롱차라 불리게 됐다는 말이 있고, 복건성 안계현安溪縣에 살던 농부 소룡蘇龍의 별명을 따서 붙여진 이름이라고도 한다. 산골에서 차농사를 지으며 살던 소룡은 낯빛이 까마귀처럼 까매서 '우롱'이라고 불렸다. 그가 하루는 따놓은 찻잎을 미처 처리하지 못하고 하루를 넘겨 찻잎이 그만 시들었는데, 그 잎으로 만든 차가 전보다 훨씬 맛있었다고 한다. 그래서 계속 조금씩 시들게 했다가 만든 차를 내다 팔게 됐고, 사람들은 그 차를 우롱이 만든 차라고 하여 우롱차라고 불렀다는 것이다. 또 다른 이야기도 있는데, 복건성 사현沙縣에는 차밭에 자주 출몰하는 검은 뱀이 있었다고 한다. 이 뱀 때문에 차를 만드는 과정이 지체돼 이전과 다른 차를 만들게 됐다. 사람들이 이를 길조로 받아들여 차 이름을 흑사차黑蛇茶라고 했는데, 그러다가 의미도 좋고 부르기도 더 좋은 우롱차로 이름을 바꾸었다고 한다.

이러한 이야기는 새로운 제조 방식이 만들어지는 데 우연한 계기가 작용했다는 사실을 말해준다. 그러나 복건 지역에서 우롱차를 처음 만든 것이 앞의 이야기처럼 그저 우연만은 결코 아니었다. 복건은 차나무가 자라기 적합한 자연 환경을 갖추었으며, 역사적으로도 끊임없이 새롭고 우수한 차를 만들어온 지역이었다.

복건 지역은 85퍼센트가 산과 구릉으로 이루어지고, 유효 토층이 1미터 이상이며, 토양의 산도도 피에이치가 4.5~6.5 정도로 차나무가 자라기에 적당하다. 하지만 차를 제외하면 다른 곡물을 재배할 평지는 매우 부족한 여건이다. 따라서 경제 작물의 재배가 발달했고, 항구를 끼고 있어 일찍이 상업도 발달했다. 역사적으로 복건은 경제 작물을 팔아 식량 작물을 구입해 지역 내 식량 문제를 해결해야 하는 지역이었다. 따라서 경제 작물의 재배와 그 기술의 발전 및 확보에 매우 적극적인 성향을 띠었다. 차 역시 오래전부터 이 지역의 대표적인 경제 작물이었다.

복건에서는 당 대에 납면차蠟面茶에 이어 연고차研膏茶를 만들었으며, 용뇌 향을 첨가한 향차도 만들었다. 송 대에는 어다원이 설치되어 '천하제일'이라는 납차를 생산했다. 황제를 위한 차 종류만도 용봉에서 은선수아, 용단승설 등에 이르기까지 40여 가지가 넘었다. 명말청초에 이르러 우롱차와 홍차도 이 지역에서 만들어냈다. 이처럼 복건은 끊임없이 새로운 차를 만들

며 차의 발전을 이끈 지역이었다. 새로운 차의 탄생은 우연이라
기보다 좋은 맛과 향, 색을 가진 차를 만들려는 복건 사람의 노
력의 산물이었다.

우롱차는 생산지에 따라 복건우롱차, 광동우롱차, 타이완우롱
차로 구분한다. 복건우롱차는 민북閩北(민은 복건성을 의미함) 우이
산에서 나는 대홍포大紅袍와 민남閩南 안계현의 철관음이 유명
했고, 타이완의 동정凍頂 우롱차는 항간에 많이 알려져 있었다.

한국

차 문화의

흐름

"이때에 이르러 성했다"

한국의 차 문화는 충분히 연구되어 밝혀지기도 전에 먼저 관점
부터 만들어졌다. 조선의 유교 정책에 따라 불교와 함께 차 문
화도 쇠락했다는 시각이 그것이다. 이런 시각은 빈약한 논리 기
조 위에 서 있음에도 오히려 설득력 있는 자리를 차지했다. 그
것은 조선시대의 차 문화가 쇠퇴했다는 사실과 맞물리면서 그
대로 인정되고 말았다. 또 근대 이후 차 문화가 우리 생활과 멀
어져 있었다는 사실도 이러한 결과를 만드는 데 일조했다.

한국의 차 문화에 대한 이러한 이해는 한·중·일 3국의 차 문
화를 비교해볼 때 특이한 현상이다. 중국에서는 신유학이 발전
하는 시기에 차 문화가 더욱 발전했다. 일본도 사회 지배사상의

변화와 상관없이 꾸준히 차 문화가 발전했다. 따라서 차 문화와 관련해 한국에는 내재적이고 차별적인 환경이 있었다고밖에 볼 수 없다. 그것은 차의 생산과 공급 문제에서 해답을 찾아야 할 것이다.

《삼국사기》에는 차와 관련된 상황을 알려주는 의미 있는 기록이 하나 나온다. "이때에 이르러 성했다"라는 통일신라시대의 기사다. 여기서 이때는 9세기 초반을 가리킨다. 그 내용은 다음과 같다.

> 828년 겨울 12월에 흥덕왕은 사신을 당에 보내 조공했다. 당 문종이 인덕전에 불러들여 연회를 베풀고 하사품을 차등 있게 내려주었다. 당에 갔다가 돌아온 사신 대렴이 차 종자를 가져오니, 왕은 지리산에 심게 했다. 차는 선덕왕(선덕여왕, 재위 632~646) 때부터 있었으나, 이때에 이르러 성했다.[1]

이 기록은 일반적으로 차나무 재배의 시작을 알려주는 것으로 해석하지만, 의구심을 갖지 않을 수 없다. 먼저 왕이 재배지를 지정했다는 점도 의아하고, 또 흥덕왕 때 국내에서 차를 재배하기 시작됐다면 선덕여왕 때부터 있었던 차는 모두 수입산으로 해석해야 하기 때문이다. 사실 대렴이 중국에서 차 종자를 가져오기 전에 국내에서 차 재배가 없었다고 보기는 어렵다. 차나무 재배에 관한 이른 기록은 없지만, 기존에 국내에서 차나무 재배가 이루어졌다고 볼 수 있는 확실한 증거 중의 하나는 신라 문무왕이 661년에 내린 수로왕 제사에 관한 조서 내용이다. 이에 대해서는 뒤에 자세히 살펴보겠지만, 어쨌든 7세기에 이미 수로왕 제사에 차를 사용했다는 것은 차의 국내 재배를 의미하는 것이다. 검소함을 강조한 수로왕 제사에 중국산 차를 사용했다고 보기는 어렵기 때문이다.

따라서 828년에 대렴이 차 종자를 가져왔다는 것은 차나무 재배의 시작이라기보다 중국 차나무 품종의 도입으로 봐야 옳을 것이다. 더 좋은 차를 생산하기 위해 새로운 품종의 차 종자를 도입한 것이다. 게다가 당시 기록에는 남아 있지 않지만 다음 시대의 상황과 연결해보면 대렴의 차 종자 구입은 비공식적인 일이었을 것이다. 당 문종의 하사품이 아니라 대렴이 임의로 구한 것으로 봐야 한다. 당 황제가 비단을 하사하되 누에는 하사하지 않았듯이, 차를 하사하되 차 종자나 차나무는 하사하지 않았다.

고려 말 문익점의 목화씨 유입과 같이 대렴의 차 종자도 비슷한 방식으로 국내에 들어왔을 가능성이 높다. 중국은 상품성에 가치를 둔 산물의 경우 일찍부터 관리를 시작했다. 법제로 정해지는 것은 다음 왕조인 송 대에 가서인데, 이는 기록으로도 남아 있다. 송 대에는 차 종자가 먼저 반출 금지 품목으로 정해졌고, 이어서 차나무 묘목도 국외로 반출되는 것을 엄격하게 금지했다. 이러한 상황은 이미 차 전매가 시작되던 780년부터 기본적으로 형성됐을 것이다. 따라서 대렴이 차 종자를 가져오게 된 것은 중국이 제공해서가 아니라 그의 임의적인 행동이었다고 보는 것이 현실적이다.

이때 가져온 차 종자를 통해 중국 품종의 차나무를 확보했는지는 알 수 없지만, 이것이 중국 차나무 품종의 첫 도입임에는 틀림이 없다. 또 차는 7세기인 선덕여왕 때 이미 있었다고 했으므로 당시 지리산 지역이 대표적인 차 산지였음도 이 기록으로 확인할 수 있다. 그리고 7세기부터 차가 있었다는 표현과 9세기에 성행했다는 표현을 통해 당시 차를 어느 정도나 마셨는지 가늠해볼 수도 있다. 7세기에는 차를 마시긴 했지만 그 범위가 생산지 중심이거나 신라 국내라는 좁은 범위였을 것이다. 하지만 삼국통일이 이루어진 9세기에는 생산지로부터 멀리 떨어진 지역에서도 차를 마셨다는 것으로 해석할 수 있다.

한국의 차 문화를 논할 때 중점적으로 봐야 하는 두 가지 문제가 있다. 하나는 한국에서 차를 언제부터 마셨는가 하는 것이고, 다른 하나는 9세기에 성행했던 차 문화는 구체적으로 어떤 것인가 하는 것이다. 먼저 차를 언제부터 마셨는가 하는 것은 한국의 차 기원에 관한 문제다. 《삼국사기》에 나타난 대로 선덕여왕 때보다 앞선 기록이 없다는 사실이 차의 기원을 논의할 때 바로 맞닥뜨리는 현실이다. 그렇다고 선덕여왕 때 처음 차를 마시기 시작했다고 단정할 수도 없는데, 《삼국사기》 외에는 다른 사료가 없기 때문이다.

차 음용의 지역적 범위를 넓히고자 하는 사람은 고구려의 차를 이야기하고 싶어 한다. 아오키 마사루青木正兒라는 일본인이 자신의 책에서 '고구려 고분에서 출토됐다는 떡차 조각을 가지고 있다'고 했지만, 그 떡차 실물의 행방과 진위 여부는 알 수가 없다. 아오키는 지름이 4센티미터 정도이고 무게가 5푼가량인 엽전 모양의 작고 얇은 떡차 표본을 소장하고 있는데, 그 떡차가 고구려 고분에서 출토된 것이라고 했다. 그런데 문제는 고구려 고분에서 출토된 것을 그가 직접 확인한 것이 아니라 전해 들었다는 데 있다.

고구려에는 지리적으로 차나무가 생장할 수 있는 지역이 없었으므로 고구려인이 차를 마셨다고 한다면 그 차는 외부로부터 유입된 것일 수밖에 없다. 설사 교역에 의한 유입이 있었다고 하더라도 시기적으로 볼 때 고구려의 차 음용은 특별한 경우로 제한될 수밖에 없다. 아오키가 가지고 있다는 떡차 표본에 관한 기록은 그 진위가 불확실한데다 이를 인정한다 해도 그 것은 지배 계층의 부장품에 해당하는 것이므로 역시 고구려에 서는 차 음용이 제한적이었다는 방증이 된다. 다른 기록이나 증 거가 확보되기 전까지 고구려의 차 음용에 관한 논의는 더 이상 전개가 불가능하다.

현재 찾을 수 있는 기록은 대개 선덕여왕 이후의 것이다. 원효대사와 요석공주 사이에서 태어난 설총이 신문왕(재위 681~691)에게 충고한 글로 유명한 〈화왕계花王戒〉에는 "차와 술 로써 정신을 맑게 한다茶酒以淸神"라는 구절이 나오는데, 이것 으로 신라 조정에서는 술과 함께 차를 마셨음을 확인할 수 있다.

왕실 외에 차를 마신 곳은 사찰이었다. 승려나 사찰의 공양을 통해 차가 사용됐다는 기록이 대부분이다. 신문왕의 아들인 보 천과 효명 두 태자가 오대산에서 수도하면서 차 공양을 했다는 기록이나, 경덕왕(재위 742~765)에게 차를 올린 충담사의 이야 기, 〈도솔가〉를 지어 올린 월명사에게 경덕왕이 하사한 차 이야 기가 그렇다.

주목받는 가야의 차 문화

한국 차 문화의 기원을 가야 문화에서 찾으려 하는 것은 지리적으로나 시기적으로 타당성이 있는 접근이다. 그 접근의 가장 근본적인 실마리는 신라 문무왕이 661년 3월에 내린 가야 수로왕 제사에 관한 조서에서 시작된다.

"시조 수로왕은 나(문무왕)에게 곧 15대조가 된다. 그 나라는 이미 멸망했으나 그를 장사 지낸 묘는 지금도 남아 있으니 종묘에 합해서 계속하여 제사를 지내게 하겠다"라고 했다.

이에 그 옛 궁터에 사자를 보내서 묘에 가까운 좋은 땅 30경을 공영의 비용으로 하고 왕위전王位田이라 하여 그 묘에 소속시켰다. 수로왕의 17대손 갱세급간이 조정의 뜻을 받들어 왕위전을 주관하여 매해 때마다 술과 단술을 빚고 떡, 밥, 차, 과실 등 여러 맛있는 음식을 진설하여 제사를 지내 해마다 끊이지 않게 했다. [2]

시조 왕의 제사 음식을 술과 단술, 떡, 밥, 차, 과실 등으로 차렸다니 참으로 소박해 보인다. 이보다 앞서 김유신이 삼신三神에게 백미百味, 즉 온갖 음식을 갖추어 제사를 지낸 것과 비교하면 더 그렇다. 당시에도 이미 제사의 규모가 매우 다양했음을 알 수 있다. 수로왕의 세시제사는 큰 규모는 아니었다. 준비한 음식에 육류가 포함되지 않은 것과 차가 있는 것에 주목할 만하다. 이 두 가지는 모두 불교적 성향과 일치한다.

가야는 차나무가 생장하는 지역이었고 제례에 차를 사용했다는 사실을 바탕으로 가야 문화에서 한국 차 문화의 기원을 찾으려는 노력은 무리한 접근이 아니다. 중국과 일본에서도 차 문화는 생산지에서부터 시작되지 않았던가. 갱세급간이 해마다 수로왕의 세시제사를 지낼 때 술과 떡, 밥, 차 과일 등의 음식을 차렸다는 앞의 기록에서 차를 마시게 된 유래를 찾는 것이 앞으로의 과제일 것이다. 과연 차 음용이 가야 지역 고래의 풍속에서 유래한 것인지, 수로왕 제사가 재개된 문무왕 때의 불교문화 및 차 공양과 연계되어 당시 풍속으로 퍼진 것인지에 대한 고찰이 필요하다. 하지만 현재로서는 기록의 한계에 맞부딪혀 있다.

신화와 역사 사이

가야국의 시조 수로왕에 관한 기사 내용은 신화와 역사 사이에 자리 잡고 있다. 수로왕은 42년에 알에서 태어났다. 44년에 가야가 세워졌으니 두 살 때 일이다. 여섯 살이 되던 48년에 열 살 연상인 아유타국의 공주 허황옥과 결혼하여 가야를 이끌어갔다. 가야국의 형성을 반영한 이야기지만, 어디까지를 사실로 받아들여야 할지 애매하다. 가야는 연합 체제였고 수로왕은 국가의 번영을 위해 외부의 해양 세력과 연합했다는 것이 역사적 사실이다.

허황옥이 인도 아유타국의 공주라고 했지만 《삼국유사》에 그녀가 예물로 가져온 물건은 모두 중국의 것이었다. 또 이들이 나라를 다스리며 이끌었던 방침도 중국적인 것이었다. 따라서 허황옥을 필두로 한 세력이 인도에서 왔다고 특정 짓기는 힘들다. 하지만 이들이 해양을 통해 가야에 외부의 선진 문물을 유입한 세력임에는 틀림없다.

그런데 한국 차 문화의 기원과 관련하여 허황옥은 논리의 비약을 전개시킨 불씨가 됐다. 이 논리적 비약은 비약적인 만큼 무척이나 매력적으로 다가왔다. 그것은 바로 이능화의 《조선불교통사》(1918)의 기록에서 시작됐다. 이능화는 이 책에 김해 지역의 죽로차竹露茶는 수로왕비 허씨가 인도에서 가져온 차 씨에서 기원한다고 구전되는 이야기를 기록했다. 이 이야기는 수로왕과 인도 공주라는 매력적인 요소 덕에 더 쉽게 인구에 회자됐다. 아유타국의 공주 허황옥이 인도에서 가져왔다는 차 씨 이야기는 20세기 초반의 기록이고 김해 지역에서 2000년 가까이 각색된 결과물이었다. 그런 만큼 흥미진진하게 들리지만, 한편 사실과의 괴리는 상당히 클 수밖에 없다.

인도에서 차나무를 재배하고 차를 마시기 시작한 것은 영국의 식민 지배 때였다. 그전에 인도인이 차를 마셨다는 증거는 찾기 힘들다. 또 불교와 차는 동아시아 사회에서 매우 밀접하게 연관되어 있지만, '불교가 인도에서 들어왔듯이 차도 인도에서 들어왔다'고 볼 수 있는 증거는 없다. 차는 불교가 동아시아 사회로 유입되어 토착 문화와 교류하는 과정에서 유입된 것으로 보아야 한다. 즉 외래 종교인 불교와 동아시아의 토착 문화가 융합된 성격인 것이다.

왕건의 선물, 차

931년 2월에도 남쪽으로부터 봄소식이 올라오고 있었을 것이다. 고려 태조 왕건은 단출하게 50명의 기병만을 대동하고 봄소식이 올라오는 남쪽 경주로 향했다. 이미 신라 경순왕의 두 번째 요청이 있었던 터였다. 신라인에게 왕건의 단출한 행렬은 놀랍기도 하면서 친선적인 행동으로 보였다. 바로 몇 해 전 견훤이 군대를 이끌고 들어와 경애왕을 시해하고 닥치는 대로 약탈하며 패악을 부리고 돌아간 것을 생생히 기억했기 때문이다. 하지만 왕건의 이러한 유순한 방문은 의도적인 것이었고, 결과적으로 매우 효과가 있었다.

신라 왕은 백관을 보내 교외에서 왕건을 영접하게 하고 자신도 성문 밖까지 나와 그를 맞았다. 왕건은 3개월 정도 신라 왕실에 머물렀다. 5월에는 경순왕과 왕비 그리고 여러 신라의 관료에게 선물을 주었다. 선물을 주는 행위는 신라 왕실에 친왕건파를 형성하기 위한 것이기도 했고, 자연스럽게 신라 왕과 동등하거나 그 이상이라는 것을 암묵적으로 확인하는 작업이기도 했을 것이다.

신라에서 돌아와 여름이 지나고 가을이 되자 왕건은 신라 왕과 백관, 군민과 승려에게 또다시 선물을 보냈다. 신라 왕에게는 안장을 갖춘 말과 능라채금을, 백관에게는 채백을, 군민에게는 차와 복두幞頭를, 승려에게는 차와 향을 주었다.

여기서 주목되는 것이 바로 차다. 이 기록은 《고려사》와 《고려사절요》에 보이는 차와 관련된 첫 기록이기도 하다. 931년에 왕건의 고려는 아직 차 생산지를 확보하지 못했다. 나주 지역에서 차 생산이 가능했지만, 930년에서 935년 사이에 나주와 서남해는 후백제의 영향권에 있었다. 따라서 이때 왕건이 신라에 선물로 보낸 차는 확실히 고려에서 생산한 것이 아니다. 교역으로 들여온 차일 것이다. 신라에 선물로 보내면서 신라로부터 교역해 들여온 것을 다시 보내지는 않았을 것이고, 후백제 지역과는 교역이 이루어지기 어려운 여건이었다. 이러한 상황과 함께 선물이라는 의미로 볼 때 이때 고려 왕건이 사용한 차는 교역을 통해 들여온 중국차일 가능성이 높지 않을까.

최치원의 글 속에 나타나는 차

중국차는 이미 이전부터 국내에 들어와 유통되고 있었다. 최치
원이 남긴 비명의 글을 통해 그러한 상황을 확인할 수 있다. 성
주산문의 개조 무염의 공덕을 기린 만수산의 '성주사 낭혜화상
백월보광탑비'와 신라 고승 혜소의 공덕을 기린 지리산의 '쌍계
사 진감선사대공탑비'에 신라의 차 문화를 살펴볼 수 있는 최치
원의 글이 기록돼 있다.

먼저 낭혜화상 무염의 행적 일부를 살펴보면, 무염은 신라의
46대 문성왕과 47대 헌안왕에게 극진한 대우와 존경을 받았다.
문성왕은 무염이 왕자에게 대답한 "인연이 있으면 머물게 되겠
지요有緣則住"라는 말을 소중히 여겨 오합사라는 절의 이름을
성주사聖住寺로 바꾸게 하고 대흥륜사大興輪寺에 편입시켰다.
이러한 영광스러운 일에 감사하면서도 무염은 겸양을 잃지 않았
다. 그는 과분한 대우를 받고 있다며 자신을 '피리 부는 자리'[3]에
참여한 '바람을 피한 새'[4]로 비유하고, '안개비 속에 숨어 있는
표범'[5]인 진정한 군자에게 부끄러운 일이라고 했다.

이러한 무염의 표현을 보아도 그가 얼마나 높은 학식을 갖추
었는지 알 수 있다. 학식에 겸손까지 갖춘 고매한 승려였으므로
당시 명성이 자자할 수밖에 없었다. 헌안왕은 즉위하기 전부터

제자로서 예를 갖추며 무염에게 매달 차와 향을 보냈는데, 이를 한 번도 거르지 않았다고 한다.

왕이 차를 하사품으로 썼다는 사실은 이미 신문왕 때 설총이 쓴 〈화왕계〉와 경덕왕 때 충담사와의 일화에서 알 수 있다. 신라에는 고매한 승려에게 차와 향을 공양하며 존경을 표하고 그 덕을 기리는 풍습이 있었다.

승려에게 차와 향을 올리는 행위는 왕만이 할 수 있는 것은 아니었다. 사찰을 방문하고 승려와 교류하는 다양한 사람이 믿음과 존경을 표하고자 승려에게 차와 향을 선물했다. 진감선사 혜소를 통해서도 그러한 사실을 알 수 있다.

혜소는 성품이 소박하고 담백한 승려였다. 신분이 높은 사람이나 낮은 사람, 늙은 사람이나 어린 사람을 대접하는 데 다름이 없고 한결같았다. 혜소를 찾는 사람 중에는 높은 법력을 기원하거나 혹시 좀 더 정성을 들여주기를 바라며, 아니면 높은 존경심에서 더 좋은 차와 향을 선물하는 사람이 있었다. 그들이 선택한 차와 향은 귀하고 비싼 중국의 것이었다.

이에 혜소는 물질에 구애받지 않음을 보여주었다. 호향胡香을 받으면 덩어리를 짓지도 않고 잿불에 넣어 태우면서 "나는 이것이 무슨 냄새인지 모른다. 다만 마음을 경건하게 할 뿐이다"라고 했다. 중국차를 받으면 가루로 내지도 않고 달여 마시면서 "나는 이것이 무슨 맛인지 알지 못한다. 그저 배를 적실 뿐이다"라고 말했다. 중국에서 들여온 비싼 향과 차를 마구 다루는 그의 행동은 상당히 의도적인 것이었다. 공양한 물품의 세속적 가치에 개의치 않는다는 표현이었다. 진심과 정성은 물질이 아니라 참된 것을 지키는 데 있음을 이런 방식으로 드러냈다.

"참된 것을 지키고 시속을 거스름이 모두 이와 같았다"라는 비명의 글귀는 진감선사 혜소를 바라보는 최치원의 시각이면서, 동시에 당시의 세태를 보여주는 말이었다. 세상의 가치에 흔들리지 않는 한결같은 마음의 고결한 승려나 시속에 따르지 않고 본분을 지킬 수 있었던 것이지, 일반인은 시속에 휩쓸려 세속의 가치를 높이 여긴다는 것이다. 결국 당시는 비싼 것을 선호하고 귀히 여기는 등 세속적 가치가 높이 평가되던 시대였다. 이미 교역을 통해 중국의 차와 향이 들어와 소비되고 있었고, 비싸고 수량이 제한된 이런 상품을 매우 선호하는 분위기가 있었음을 짐작할 수 있다.

차는 교역뿐 아니라 중국을 다녀올 때면 반드시 구입해 들여오는 선호도 높은 물품의 하나였다. 최치원이 당나라 빈공과에 급제하여 관직에 있을 때 쓴 〈급료를 요청하는 글謝探請料錢狀〉[6]을 보면, 그는 부모에게 보낼 차와 약을 사야 한다며 이렇게 호소했다.

아득히 바다로 막혀 있어 부모님을 봉양하려는 뜻을 이루기 어렵고…… 고향으로 가는 사신이 없어 집으로 편지를 부치기도 어려워…… 그러던 차에 본국 사신의 배가 바다를 건너간다고 하니, 차와 약을 사서 집으로 부치는 편지에 함께 보내려 합니다.

당시 중국은 황소의 난으로 인해 나라 안이 매우 혼란스러웠다. 따라서 최치원에게도 급료가 제때 지급되지 않는 등 불안한 상황이 이어졌다. 외국인인 최치원은 더욱 곤란했을 것이다. 그는 중앙과 지방의 재정 상황이 어려운 것은 이해하지만 개인적으로 매우 곤궁하니 급료를 지급해달라고 간절히 호소했다. 오랜만에 본국으로 소식을 전할 기회가 생겼는데, 이참에 부모에게 보내드릴 차와 약을 사야 한다면서 말이다.

여기서 또 알 수 있는 사실은 사찰에서 향과 차를 함께 소비했다면, 일반 가정에서는 차와 약을 함께 소비했다는 것이다. 사찰에서 승려가 마음과 몸을 경건하게 하기 위해 향과 차를 썼다면, 일반 사람은 건강을 위해 차와 약을 마시고 먹었던 것을 알 수 있다. 의료 혜택이 부족했던 시대에 차의 약용적 음용은 일반적인 일이었다.

뇌원차

뇌원차腦原茶는 한국의 차 역사에 처음 보이는 고유명사로, 고려의 대표적인 토산차다. 뇌원차는 왕실에서 사용했다는 기록만 남아 있다. 고려 왕실은 고위 관료의 상제喪祭에 부조 물품으로 차를 보내거나 원로 또는 병든 관료에게 하사하거나 했다. 또 외교外交에 사용하기도 했다. 그전에는 보통 '차'라고만 표기됐던 것이 구체적인 이름으로 나타났다는 것은 차 문화가 그만큼 발전했다는 지표로 볼 수 있다.

시기적으로 먼저 보이는 부조 물품으로서의 뇌원차를 살펴보면, 989년 최승로가 사망했을 때 성종이 부조로 보낸 물품 가운데 뇌원차 200각과 대차大茶 10근이 있었다. 2년 전인 987년

최지몽이 사망했을 때도 성종은 부조 물품의 하나로 차를 보냈는데, 기록에는 '차 200각'으로만 기재되어 있다. 수량이 동일한 것으로 보아 뇌원차로 보는 데 큰 무리가 없을 것이다. 998년 서희가 사망했을 때도 왕실에서는 뇌원차 200각과 대차 10근을 부조 물품으로 보냈으므로 동일한 차일 가능성이 높다. 995년에 최량이 사망했을 때 왕실은 1000각의 뇌원차를 보냈다. 1004년 한언공이 사망했을 때는 200각의 차를, 1040년 이주좌가 사망했을 때도 차를 보낸 기록이 있다. 그 밖에 차를 부조 물품으로 보낸 사례는 더 있다. 하지만 차라고만 기록되어 있으므로 그것이 꼭 뇌원차라고는 할 수 없다.

이런 기록으로 보아 차는 고려 왕실에서 내리는 부조 물품 가운데 꼭 필요한 것이었음을 알 수 있다. 차는 상례喪禮를 행할 때 쓰이는 대표적인 물품이었던 것으로 보인다. 상례 때 제상에 차려야 할 뿐 아니라 문상 오는 손님을 대접할 때도 차는 필요했다.

원로나 병든 퇴직 관료에게 뇌원차를 하사한 기록도 남아 있다. 1049년 고려 왕실은 80세가 넘은 원로 여럿을 불러 편전에서 잔치를 베풀었는데, 그때 초대된 원로 가운데 상서우복야인 최보성과 사재경인 조옹에게 뇌원차 30각씩을 하사했다. 관료에게 하사한 경우 역시 차라고만 기록된 사례가 더 많다. 뇌원차가 유일한 토산차는 아니었으므로 뇌원차라고 추측하기는 어렵고, 그 종류까지 확인하기는 더 어렵다.

외국과 교류할 때도 차를 선물로 보냈는데, 1038년 뇌원차를 거란에 보냈다는 기록이 확인된다. 1130년 금에도 차를 보낸 기록이 있다. 외국과의 교류 물품으로 차가 사용된 사례는 많다. 그런데 그 이상 자세한 사실을 알기는 쉽지 않다.

뇌원차라는 명칭의 유래에 대해서도 의견이 분분하다. 먼저 용뇌龍腦, 즉 장뇌樟腦를 사용해 향을 더한 차이기 때문에 붙인 명칭이라는 주장이 있다. 이는 중국 송 대에 어용차를 만들 때 용뇌를 첨가했던 방식을 차용했으리라는 추측에 기인한 것이다. 송 대 복건로 북원에서 어용차를 만들 때 향을 더하기 위해 용뇌를 첨가했는데, 이 방법은 송 휘종의 선화 연간(宣和, 1119~1125)에 이르면 차의 진향을 방해한다고 해서 긴아揀芽로 제작되는 최상품에는 사용하지 않았다. 소룡단과 용단 이하는 여전히 용뇌로 향을 돋우었다. 이것은 어용차에 한한 것이므로 일반 중국차에 적용되는 방식은 아니었다. 중국의 어용차 방식을 차용했으리라는 추측이 설득력이 없는 것은 아니지만, 기록에 따른 근거가 전혀 없다는 점이 이 주장의 최대 약점이다.

반면 뇌원이라는 전라남도 지역의 지명에서 유래했다는 주장도 있다. 이 주장의 근거는 조선총독부 자료인 〈풍속관계자료촬요風俗關係資料撮要〉의 기록에 있다. 〈풍속관계자료촬요〉에서는 전라남도에 뇌원이라는 곳이 있는데, 이곳에서 생산되는 차이기 때문에 뇌원이라는 이름이 붙었다고 했다. 또 후에 충선왕의 이름을 피휘하여 '원'을 '선'으로 바꾸어 뇌선차腦先茶라고 불렀다는 기록도 첨부되어 있다. 실제로《요사습유遼史拾遺》에는 고려의 뇌선차라는 명칭이 보인다. 기록에 근거했다는 점에서 설득력이 있어 보이지만, 뇌원의 구체적인 위치를 알 수 없다는 문제가 있다. 뇌원차 외에 지명을 딴 다른 명칭이 보이지 않는다는 점도 의아하다. 고려 왕실에서 부조 물품의 하나로 사용했던 차는 대표적으로 뇌원차와 대차였는데, 대차는 산지보다는 차를 딴 시점에 따른 명칭이다. 즉 늦게 딴 잎으로 만든 차를 의미한다. 따라서 20세기의 조사 기록을 전적으로 따르기에는 망설여지는 부분이 있다.

뇌원차는 고려 왕실이 사용한 대표적인 덩어리차였다. 이를 잘 알 수 있는 표현이 뇌원차의 수량을 나타나는 단위로 '각角'을 사용했다는 것이다. 각은 덩어리차 한 근을 말한다. 1각에 몇 개의 덩어리가 들어가는지는 차의 등급과 품질에 따라서 달랐다. 중국에서 용봉차는 8병=1각, 소용봉차는 20병=1각, 용단승설은 40병=1각으로 포장했다. 고려에서는 용봉차가 유통됐으므로 1각에 대개 여덟 개의 덩어리차가 들어갔을 것으로 생각된다.

각 외에도 차의 수량을 매길 때는 다양한 단위가 사용됐다. 편片, 병餠, 근斤 등이다. 편과 병은 덩어리차의 개수를 세는 단위인데, 덩어리차의 종류에 따라 크기가 다양했으므로 이 단위로는 정확한 무게를 알 수 없다. 반면 각과 근은 무게에 따른 양을 재는 단위로, 1각＝1근＝16량兩＝600그램이다. 결국 편·병·각은 덩어리차에만 사용되는 단위이고, 근은 덩어리차와 잎차 모두에 사용할 수 있었다.

유차

고려 중기의 명문장가 이규보李奎報는 당나라 시인 이태백에 빗대어 고려의 '주필走筆 이당백李唐白'이라는 별명을 가졌을 정도로 문학적 명성이 높았다. 그가 많은 글을 남겼다는 사실은 매우 다행스러운 일이다. 그의 많은 작품은 혼란과 격변의 고려 사회를 살아간 한 개인의 삶과 그의 주변 상황을 잘 보여준다. 그는 대단한 애주가이기도 했지만, 많은 승려와 교류하며 차와 관련된 여러 편의 시를 남겼을 정도로 차를 좋아하기도 했다.

고려의 사찰에는 상당히 자유로운 분위기가 있었던 듯하다. 많은 문인이 승려를 찾거나 사찰에 가서 술과 차를 마시면서 대화도 나누고 시도 지었다. 그들은 승려와 신도의 관계라기보다

동료로서 친밀한 관계를 유지하곤 했다. 이규보의 글에도 여러 승려와의 교류, 천수사·귀법사·안화사 등 추억이 서린 사찰에 대한 내용이 많이 담겨 있다. 그는 천수사의 지각대선사·종의선사·의선사, 안화사의 왕선사·돈식선사·당선사 등과 농담을 주고받을 정도로 친밀한 관계를 유지했다. 이들은 가난한 이규보에게 식량은 물론이고 차와 복숭아 등도 보내주었다. 이규보가 아들을 출가시킬 때 아들의 머리를 깎아준 승려도 친구인 현규였다. 이규보처럼 당시에는 학식 있는 승려와 문인이 친분을 맺는 일은 일반적이었다.

그중 지리산 화계 지역 운봉雲峰에 있던 규珪선사는 열대여섯 살 시절부터 이규보와 친구로 지낸 사이였다. 그와의 일화는 〈운봉의 연로한 주지 규선사가 조아차早芽茶를 얻어 나에게 맛보여주기에 유차孺茶라 명명하고, 선사가 시를 청하기에 짓다〉[7]라는 제목의 시로 유명하다. 당시 이규보의 나이는 41세였는데, 규선사가 이규보에게 조아차를 맛보게 해주고 시를 청했고, 이에 이규보가 그 차를 유차라고 이름 붙인 후 이런 시를 지은 것이다. 이규보는 이어서 시 한 편을 더 읊었으니, 이 유차를 마신 감회가 남달랐던 듯하다.

섣달에 내린 눈 속에서 수확했으리라고 여긴 조아차의 맛에 대해 이규보는 찬사를 아끼지 않았다. 〈운봉의 연로한……〉의 일부 내용을 살펴보면 다음과 같다.

선사는 어디서 이런 품질을 얻었는가
손에 닿자 먼저 놀라운 향기가 코를 찌르는구려
이글거리는 풍로 불에 직접 달이고
꽃무늬 자기에 손수 타서 색깔을 자랑하누나
입 안에서 차지고 부드러우며 순한 것이
어린아이의 젖 냄새 같구나
부귀한 집에서도 보지 못하는 것을
우리 선사 이를 어찌 얻었나 신기하구려

이규보는 유차의 맛이 입에 붙을 정도로 맛있으며, 어린아이의 젖 냄새처럼 부드럽고 순하다고 했다. 또 이른 봄날 천자에게 바치기 위해 몸을 사리지 않고 딴 찻잎으로 만든 차에 비유함으로써 유차의 품질과 맛이 대단히 우수하다고 표현했다. 이규보는 규선사에게 봄 술을 빚어 차 마시고 술 마시며 평생을 보내보자는 말로 유차와 관련된 첫 번째 시를 마무리했다. 이는 친근함에 따른 격의 없는 표현이었다. 이어서 읊은 두 번째 시 〈다시 앞의 운자를 써서 보내다〉에서 이규보는 유차처럼 귀한 차는 함부로 남에게 주지 말고 자신에게 보내달라는 투정까지

곁들인다.

그런데 이규보가 유차라고 부른 조아차는 규선사가 직접 만든 것이 아니다. 이규보도 궁중에서 명망 높은 선사에게 예물로 보낸 것인가 하고 추측한다. 두 번째 시에서 그는 규선사의 명망이 높아서 많은 사람이 갖가지 귀한 것을 시주하는데, 당연히 향기로운 차도 보내온다고 표현했다. 조아차 또는 유차가 어떤 차인지는 이규보가 차운해서 쓴 다른 화답시에서 확인할 수 있다. 〈옥당 손득지, 사관 이윤보, 사관 왕승, 내한 기철, 사관 오주경이 화답시를 보내왔기에 다시 운을 따라 화답하다〉[8]라는 시에서 그는 유차가 바로 중국 사천 몽정산蒙頂山에서 가장 이른 시기에 딴 차임을 밝힌다.

섣달에 움트는 싹 평소에 가장 사랑하니

맵고 강렬한 그 향기 코를 찌르는구나

몽산에서 제일 먼저 딴 차 우연히 얻어

끓기도 전에 우선 맛보았네

미친 객이 한번 맛보고 유차라 이름 했으니

늙은 나이에 어린애처럼 탐내는 데야 어찌하겠나

이규보가 화답시를 보내온 다섯 사람에게 다시 화답시를 쓰면서 규선사가 맛보게 해준 조아차가 중국 사천 몽산(몽정산)에서 제일 먼저 딴 차라는 것을 밝힌 것은 이들 다섯 사람이 조아차의 연원을 궁금해했기 때문이다. 사천에 있는 몽산은 몽정차로 유명한 차 산지였다.

차의 유통

이규보가 규선사에게 써준 시는 금방 다른 문인 사이에서 화제가 됐고, 이 시를 본 주변 문인의 화답시가 줄을 이었다. 이에 이규보는 〈옥당 손득지……〉, 〈손한장이 다시 화답하기에 차운하여 부치다〉, 〈장원 방연보가 화답시를 보내왔기에 차운하여 답하다〉 등의 화답시를 더 쓰게 됐다. 덕분에 오늘날 우리는 고급 차를 둘러싼 당시의 상황이 어땠는지 가늠할 수 있다.

세상의 모든 맛은 이른 것이 귀하니
하늘이 기꺼이 사람 위해 계절을 바꾸어주네
봄에 자라고 가을에 성숙함이 당연한 이치인데
이에 어긋나면 괴상한 일이건만
근래의 습속은 대개 기이함을 좋아하는구나

이 글은 이규보가 규선사에게 보낸 〈운봉의 연로한……〉의 첫 구절이다. 이규보는 규선사가 맛보게 해준 유차가 얼마나 기이하고 이른 차인지를 말하고 싶어 쓴 글이지만, 당시 막 피어난 새싹으로 만든 조아차를 사람들이 얼마나 선호했는지 알려주는 글이기도 하다. 사람을 매료하는 소비재는 희소성과 함께 특이성을 가진다. 고려의 차도 예외는 아니었다.

물론 이 차는 일반인이 구입할 수 없을 정도의 가격이었다. 그래서 더욱 소수의 구매자와 호사가가 열광했다. 그것으로 본인의 재력이나 능력을 과시하려 하기도 했다. 이러한 세속적 열망이 있었던 동시에, 한편에서는 귀할수록 서로 나누어 즐기는 풍조도 있었다. 이규보도 〈장원 방연보가……〉에서 "내가 누구기에 감히 귀한 차 맛보는가. 뜻밖에 신선의 연분 만나서라네"라고 하여 규선사가 아끼고 아껴두었던 차를 맛보게 해준 것에 고마움을 표했다.

이렇듯 당시의 차 소비는 상당히 제한적이었지만, 그것이 형성한 경제적 이익은 상당했다. 따라서 차 상인이 과하게 가격을 부풀리거나 속이는 일도 많이 발생했다. 이규보는 〈옥당 손득지……〉에서 다음과 같이 썼다.

요사이 사고파는 데 속임수가 많아

간사한 상인의 수중에 모두 떨어졌구나

(······)

물건 팔림이 모두 사람에게 달렸으니

구슬도 다리 없지만 스스로 찾아오네

'상인은 이익이 있는 곳이면 어디든 간다'는 말처럼 수요가 있는 물건은 모두 상인에 의해 운반되어 판매됐다. 고급품은 가격에 맞는 품질 확인이 더욱 중요한데, 차도 마찬가지였다. 이규보는 규선사의 차 품평이 정묘하다고 했다. 많은 문인이 승려에게 차를 부탁했던 것도 좋은 품질의 차를 확실하게 확보하기 위해서였다.

중국 사천에서 생산된 극성의 몽정차도 상인에 의해 고려로 운반되어 소비됐지만, 이것만으로 당시 차 소비의 전반적인 상황을 가늠하기에는 미흡하다. 그보다는 최상품 소비라는 사회 상층의 차 소비를 대변하는 면이 더 강하다. 이규보의 화답시 가운데 고려의 차 생산 상황을 보여주는 구절이 있다. 〈손한장이 다시······〉[9]에서 그는 화계의 운봉차를 말하면서 당시의 차 생산 상황을 이렇게 언급한다.

관에서 감독하여 늙은이와 어린아이까지 징발했네

험준한 산중에서 간신히 따 모아

머나먼 서울에 등짐 져 날랐네

이는 백성의 애끓는 고혈이니

수많은 사람의 피땀으로 얻은 것이네

(……)

그대가 다른 날 간관이 되거든

내 시의 은밀한 뜻 부디 기억하게나

산림과 들판 불살라 차의 공납을 금한다면

남녘 백성 편히 쉼이 이로부터 시작되리

　　대표적 차 산지인 화계 지역이 이러한 사정이니, 사회 상층의 중국차 선호와 함께 조정의 착취로 인해 고려의 차 생산은 크게 발전했다고 보기 어렵다.

　　고려시대에 차 소비가 높았던 수도 개경은 차 산지에서 무척 떨어진 곳에 있었다. 차는 전라남북도와 경상남도에서 주로 생산됐다. 특히 지리산을 중심으로 한 화개, 함양과 언양, 밀양 등지에서 차 생산이 활발했다. 차 생산은 집단 노동이 필요하기 때문에 개인의 다원 경영은 상품경제의 발전이 병행되지 않으면 거의 불가능했다. 사회적으로 상품경제가 발달하고 전업 경영과 고용노동이 가능해야 개인의 다원 경영이 존립할 수 있었다. 고려는 화폐경제가 약했으므로 개인의 다원 경영에는 한계가 있었다. 이러한 여건이었기 때문에 고려시대의 차 생산은 국가와 사찰 등의 관리를 통해 이루어졌다고 봐야 할 것이다.

문인이 차를 구했던 방식만 봐도 차 생산에 한계가 있었음을 알 수 있다. 그들은 주로 승려와 지방장관인 안렴사(안찰사)나 관찰사 등에게 부탁하거나 그들에게 선물로 받았다. 물론 문인의 글로 미루어 추측한 것이므로 전체 상황을 정확히 알 수 있는 것은 아니지만, 당시 고려의 사회경제적 상황에서 차 생산에 국가와 사원이 관여한 정도가 상당히 높았다는 것은 짐작할 수 있다.

수도 개경은 소비를 선도하는 지역이었으므로 차 소비도 많았다. 따라서 차는 거리의 상점에서 판매되기도 했다. 고려 말 삼은三隱의 한 사람인 이숭인이 쓴 〈여태허가 제주祭酒에게 화답한 시에 차운하다〉라는 시에는 절에서 쓸 차를 사러 저잣거리로 나오는 승려의 모습이 묘사되어 있다. 여태허는 휴상인休上人이라고 불렸으며, 천태종의 고승 나잔자의 제자로 학식이 높은 승려였다. 그는 부처님께 공양하고 불공하는 일이 끝나고 나면 가끔 절에서 필요한 차를 사러 저잣거리에 나오곤 했다. 차 산지에서 먼 사찰은 차를 자급할 수 없었으므로 당연히 차를 구매했다.

일반 백성의 차 소비는 약용의 범위를 크게 벗어나지 않았던 것 같다. 일반 백성이 부담 없이 소비할 수 있는 정도의 가격으로 차가 공급됐다는 흔적이 보이지 않기 때문이다. 근본적으로 차의 대중화나 일반화가 이루어지는 데 전제가 되는 것은 차의 공급인데, 고려시대는 차 공급이 원활하지 못한 생산 여건이었던 것으로 보인다.

한편 왕이 백성에게 차를 하사한 사례도 많지 않은데, 그런 예가 있다 해도 80세 이상이나 90세 이상의 고령자 또는 환자에게 내렸을 뿐이다. 차를 하사하는 방식이 이와 같았다는 것은 차 공급에 한계가 있었거나, 백성의 차 음용이 약용의 범위를 벗어나지 않았다는 것을 말해준다.

다점과 다정

차를 팔고 마시는 장소가 있었다는 것은 차를 마시는 풍속이 얼마나 발전했는지 알 수 있는 중요한 지표의 하나다. 고려시대에는 차를 사서 마실 수 있는 찻집인 다점茶店이나 다정茶亭, 다원茶院 등이 있었다. 도시를 중심으로 거리에 차를 파는 점포가 있었다는 사실은 1002년 목종의 다음과 같은 명령에서 확인할 수 있다.

근래에 시중侍中 한언공韓彦恭이 상소를 올려 말하기를 "지금 선대를 계승하여 돈을 사용하게 하고 거친 베麤布의 사용을 금지하고 있습니다. 이로 인해 풍속이 어그러지고 나라의 이익도 이루지 못하고 다만 백성의 원망과 탄식만이 일어나고 있습니다"라고 했다. 차나 술을 파는 여러 점포가 교역할 때는 종전대로 돈을 사용하게 하되, 그 밖에 백성이 사사롭게 서로 교역을 할 때에는 임의대로 토산물을 사용하도록 하라.[10]

목종의 아버지 성종은 처음으로 철전을 주조하고 화폐의 유통을 활성화하기 위해 화폐를 전용케 하는 정책을 시행했다. 앞의 인용문에 나오는 명령은 성종이 실현하려던 금속화폐 사용 정책이 실패함에 따라 그 후속 조치로 이전 방식으로의 회귀를 택한 것이었다. 화폐 사용을 전면 폐지한 것은 아니고 차와 술 등을 파는 점포에서는 그대로 돈을 사용하게 하고, 나머지 교역에는 예전처럼 현물을 사용하도록 했다. 당시에는 포와 쌀이 현물화폐의 기능을 했다.

이 기록으로 고려시대에는 상업 활동이 이루어지는 거리에서 찻집과 술집 등이 영업을 했음을 알 수 있다. 사람들이 교역을 하기 위해 혹은 교제를 위해 번화한 장소나 거리에서 찻집에 들어가는 것은 자연스러운 일이었다.

그런데 이 기록은 찻집의 존재를 알려주는 동시에 차 소비의 한계도 엿볼 수 있게 한다. 즉 화폐 사용이 일부에 그쳤다는 사실로 미루어 교역의 규모가 제한적이었음을 짐작할 수 있다. 따라서 찻집 등의 상설 점포는 있었지만, 그렇다고 누구나 일반적으로 차를 마실 수 있는 것은 아니었다. 사사로이 교역하는 백성은 화폐 사용을 불편해했으므로 찻집을 드나드는 일도 자유롭지 않았을 것이다. 소소한 물건을 사거나 팔 때는 현물을 사용했기 때문이다.

따라서 찻집이 있었다는 사실 하나로 차가 보편적, 일상적으로 소비됐다고 보기에는 어려움이 있다. 결국 일상적인 소비가 가능한 환경은 조성됐지만, 실제로는 제한적이고 특정적인 소비가 주를 이루었다.

이러한 분위기는 이후에도 크게 달라지지 않았다. 화폐경제를 활성화하기 위한 노력은 계속됐지만 좀처럼 활성화되지 않았다. 다음에 인용한 1104년의 기록을 통해 그러한 상황을 확인할 수 있다. 목종 대 이후 100년이 지났지만 여전히 금속화폐의 사용은 정착되지 않았다.

당시 화폐를 통용한 지가 벌써 3년이나 됐는데, 백성이 가난하여 통용되지 못했다. 이에 주현州縣에 명령하여 미곡을 내어 주식점酒食

店을 열고 백성에게 무역하는 것을 허락하여 화폐의 이로움을 알게
했다.[11]

이때는 금속화폐의 유통을 활성화하기 위해 관청이 나서서
상업 시설을 만들기까지 했다. 화폐 사용의 편리함을 홍보도 하
고 직접 경험도 할 수 있게 해야 하는 상황이었다. 관청이 나서
서 상업 시설을 개설하게 했으므로 고려의 관리가 직접 적극적
인 상업 행위를 하는 것은 이상한 일이 아니었다.

그렇기 때문에 정 5품 관직인 낭중이 운영하는 찻집에서 낮
잠을 잔 임춘의 일화가 생길 수 있었다. 개국공신 집안의 후예
인 임춘은 문학으로 명성을 얻었지만 무신집권기가 되자 조상
대대로 내려오던 공음전을 빼앗기는 등 가문 전체가 화를 입었
다. 그는 피신해 타향살이까지 해야 하는 고초를 겪었다. 그는
문학적 명성은 얻었으나 끝내 과거에 급제하지 못하고 요절한
불우한 문인이었다.

임춘의 시 〈이낭중 유의의 다점에서 낮잠 자다〉[12]는 고려에
찻집이 있었다는 사실을 알려주는 대표적인 기록일 뿐만 아니
라, 찻집의 분위기까지도 엿볼 수 있게 해준다.

나른하게 평상에 누워 깜박 이 몸 잊었더니

한낮 베개 위로 바람 불어 잠이 절로 깨누나

꿈속에서도 이 몸은 머물 곳 없었노라

천지가 모두 하나의 쉬어가는 역정驛亭이런가

빈 다락에서 꿈을 깨니 막 해가 저무는데

게슴츠레한 두 눈으로 먼 봉우리 바라보노라

누가 알려나, 은거한 사람의 한가한 정취를

한바탕 봄잠이 천금 봉록과 맞먹나니

    그는 찻집 누각에 있는 좁고 긴 평상에서 낮잠을 잤다. 지금
의 시각으로는 찻집에서 진상 짓을 한 것처럼 보이지만, 아마도
당시 찻집의 분위기는 편안하게 쉬고 마실 수 있는 환경이었던
듯하다. 어쨌건 체면에는 흠이 되는 행동이었겠지만 임춘이 낮
잠을 잔 찻집은 많은 사람이 드나드는 부산한 곳은 아니었을 것
이다. 돈을 지불하면 들어갈 수 있는 장소이므로 출입에 강제
규정은 없었다고 하겠다.

    차를 파는 다점 외에 차 마시는 장소로 다정茶亭이 있었다.
다정은 대개 사원에 많이 딸려 있었지만 풍광 좋은 곳에도 설치
됐다. 그 흔적이 강릉 한송정과 경포대에 남아 있다. 신라의 사
선四仙이 차를 마시며 노닐었다는 강릉의 한송정에 대해서는
고려의 문인 김극기, 안축, 이제현, 이곡이 이 지역을 유람하면

서 쓴 글이 남아 있다. 한결같이 신라의 사선이 차를 마신 장소라고 적은 것으로 보아 고려 사람은 대개 그렇게 알았던 것이 확실하다. 이곡의 《동유기東遊記》에는 이 두 곳에 관한 기록이 모두 나오는데, 다음과 같다.

경포대. 신선의 유적이라는 옛날 석조石竈가 있는데, 아마도 차를 달일 때 썼던 도구일 것이다.
한송정. 이 정자 역시 사선이 노닐던 곳인데, 유람객이 많이 찾아오는 것을 고을 사람이 싫어하여 건물을 철거했으며, 소나무도 들불에 타버렸다고 한다. 지금은 오직 석조와 석지石池 그리고 두 개의 석정石井이 그 옆에 남아 있는데, 이것 역시 사선이 차를 달일 때 썼던 것이라고 전해진다.[13]

풍광이 좋은 곳은 또한 차 마시기 좋은 장소였다. 고려의 문인은 대개 경포대와 한송정이 신라의 사선이 차를 마시던 장소라고 알고 있었다. 그랬던 곳이 쇠락했고 또 그 고을 사람이 정자를 없애버리기조차 했다는 것에서 고려인의 차 소비가 제한적이었다는 사실을 유추해볼 수 있다. 풍광 좋은 곳에서 차 마시는 멋을 공감하지 못하는 분위기가 있었다는 사실은 차 소비가 신분적이든, 지역적이든 제한적이었다는 상황을 반영하는 것이지 않을까.

결국 고려시대에 '도시가 아닌 어촌이나 농촌에서 차가 소비됐는가?' 하는 문제를 생각해볼 때 그렇지 않았다는 결론을 내릴 수 있다. 고려시대에 차 소비는 도시를 중심으로, 특히 사찰 문화와 문인의 문화 속에서 뿌리내리고 있었다. 따라서 다정, 즉 차를 마시며 놀던 장소인 정자도 보통은 사원 안에 있었다.

달령다원과 의종

차와 연관된 장소로 다원茶院도 있었다. 원院은 사찰 내에 설치되기도 했지만, 주로 인가가 드문 곳이나 중요한 길목에 설치돼 숙박 기능을 하는 시설이었다. 대개 승려가 거주하면서 관리했고, 주로 여행자와 상인에게 편의를 제공했다. 대사찰에 딸린 경우 80칸에 이르는 대규모 다원도 있었지만, 독립적인 곳은 규모가 상당히 작기도 했다. 백성의 편의를 위한 곳이었으므로 국가의 지원을 받는 다원도 있었다. 다원은 차를 마시며 편안하게 쉬거나 묵을 수 있다는 의미에서 붙여진 이름이었을 것이다.

다원과 관련해서는 고려 18대 왕 의종의 부족한 자질을 엿볼 수 있게 하는 '달령다원 일화'가 전해진다. 1167년 의종은 귀법사에 들렀다가 현화사로 가는 길에 수행인이 따르지 못할 정도로 말을 달려 달령다원에 이르렀다. 그가 다원의 기둥에 기대어 되뇐 말은 이러했다. "정습명이 만약 살아 있었더라면 내가 어찌 여기에 이르렀겠는가."[14] 의종의 뒤늦은 후회였다. 정습명은 의종의 명에 따라 자결했다. 사실 의종이 왕위를 계승할 수 있었던 것은 정습명이 있었기 때문이다. 태자 시절부터 노는 것을 좋아했던 의종은 통치자의 자질을 의심받았다. 아버지 인종도 원자인 의종이 장차 왕의 책무를 다할 수 있을까 걱정했고, 어머니 공예태후는 둘째 아들을 태자로 세우려는 움직임까지 보였다. 이때 의종의 태자 폐위를 막고 그를 보필한 이가 바로 정습명이었다. 인종이 의종에게 남긴 유언도 정무를 볼 때는 반드시 정습명의 말을 들으라는 것이었다.

역사를 들여다보면 이러한 관계는 곧 갈등으로 이어지는 사례가 수없이 많다. 의종과 정습명도 크게 다르지 않았다. 정습명은 충신이었지만 자질이 부족한 의종에게는 굴레처럼 느껴졌다. 결국 재위 5년째 되던 1151년 의종은 병중에 있던 정습명을 죽음으로 몰고 갔다. 이로써 의종은 정습명의 간섭에서 벗어났지만, 국정을 기울게 한 대표적인 통치자라는 또 다른 굴레를 얻게 됐다. 의종은 재위 말년에 호위대를 뒤로하고 말을 달릴 정도로 답답한 심정이었을 것이다. 고갯마루에 자리한 달령다원에 도착한 그는 다원 기둥에 기대어 먼 곳을 바라보며 자신의 처지를 한탄했다. '충신은 간데없고 간신만 들끓는구나' 하고.

다소와 공차

차나무는 아열대성 상록식물로, 열대에서 온대에 이르기까지 넓은 지역에서 생장한다. 연평균 기온 12.5~13도 이상, 연 강수량 1500밀리미터 이상이어야 한다. 따라서 한반도에서 생장 지역은 제한적일 수밖에 없다.

차 생산지에 대한 고려시대의 기록은 매우 드물다. 따라서 조선시대에 간행된 《세종실록지리지世宗實錄地理志》나 《신증동국여지승람新增東國輿地勝覽》을 통해 확인해볼 수밖에 없다. 이 두 책에는 고려 때 차를 토공土貢했던 지역에 대한 기록이 나온다. 경상도에는 밀양·울산·진주·함양·산음·고성·하동·진해가 있었고, 전라도에는 고부·옥구·부안·정읍·나주·영암·고창·영광·무장·남평·무안·흥덕·장성·장흥·담양·강진·순창·순천·무진(광주)·낙안·고흥·보성·광양·구례·진원·동복으로 거의 전역에 걸쳐 있었다.

그 가운데 다소茶所가 기록된 지역이 열여덟 곳이다. 전라도에만 열여섯 곳이 있었는데, 나주 무장현에 두 곳, 장흥에 열세

곳, 장흥 동복현에 한 곳이 있었다. 경상도에는 고성현의 달점다소達岾茶所와 통도사의 동을산다소촌冬乙山茶所村이 기록에 남아 있다.

고려시대에 소는 특정 생산물을 공물로 확보하기 위해 설치됐다. 다소 외에도 금소金所, 은소銀所, 철소鐵所, 동소銅所, 와소瓦所, 지소紙所, 묵소墨所, 탄소炭所, 강소薑所, 염소鹽所, 자기소磁器所 등이 있었다. 이들 소는 별공別貢의 수취와 밀접한 관계가 있었다. 일반 주현의 백성이 상공常貢을 부담했다면, 소에서는 별공을 부담했던 것이다.

다소가 차 생산지 모두에 설치되지 않았던 것은 다소를 통한 차 생산의 특정한 기능이 있었다고 봐야 한다. 국가가 차를 확보하는 방식은 한 가지가 아니었다. 가장 일반적인 방식이 차 생산 지역에서 지역 특산물로 징세해 걷는 것이었다. 이것이 차 생산지에서 일반 주현의 백성이 부담해야 하는 것으로, 상공에 해당한다. 그 외에 국가가 특별한 시기 또는 특별한 품질을 위해 별도로 올리게 하는 차가 있었다. 이런 물량을 다소와 특정한 사원을 통해 생산했다. 뇌원차처럼 왕실에서 전용한 차는 다소를 통해 생산됐을 것이다.

소는 12~15세기에 점진적으로 해체됐는데, 군현으로 승격되거나 주현에 촌村으로 직속됐다. 소 소속 백성의 저항에 따라

무마책으로 승격되기도 했고 공을 세워 승격되기도 했다. 지방 제도 정비에 따라 군현제가 개편되면서 토지와 인구의 다소에 따라 군현으로 승격되기도 하고 직촌이 되기도 했다.

다소도 이러한 과정을 거쳤는데, 조선 초기의 지리서에 보이는 다소는 대부분 그 시기에 이름만 남은 경우이고 고려 때와 같은 특산물 생산지로서의 기능은 상실한 상태였다. 다소가 해체되는 과정에 차 생산의 쇠퇴가 상호 인과관계처럼 얽혀 있었을 것이다.

《고려도경》에 나타난 고려의 차 문화

《선화봉사고려도경宣和奉使高麗圖經(고려도경)》은 송의 서긍徐兢이 1123년(고려 인종 1) 국신國信 사절단의 일원으로 고려에 왔다가 귀국한 후 조정에 제출한 귀국 보고서였다. 중국 관료에 의한 최초의 고려 전문 보고서인 셈이다. 당시 국신 사절단의 정사는 노윤적이고 부사는 부목경이었지만, 이들이 개별적으로 남긴 기록은 남아 있지 않다. 서긍은 소제할인선예물관所提轄人船禮物官으로 충원되어 사절단의 인원, 선박, 예물 등의 관리를 맡아 일정을 수행했다. 이 기간 동안 비교적 상세한 기록을 남긴 것이 바로 《고려도경》이다.

1123년 송의 국신소 사절단은 3월 14일 개봉을 출발하여 두 달이 넘어서야 동쪽 바닷가에 도달했다. 5월 16일 명주明州(지금의 절강성 영파)에 도착해 26일에는 정해현 심가문을 떠나 고려로 향했다. 6월 2일 소흑산도를 지나 몇 곳에 정박한 후 6월 12일 예성항에 입항해 13일 왕성(개경)으로 들어왔다. 사절단은 개경에 머물다가 7월 15일 예성항을 출발하여 본국으로 돌아갔다. 이들이 고려에 머문 기간은 한 달 남짓이었고, 머물던 객관을 나선 것은 대여섯 번에 불과했다. 이렇듯 서긍의 고려 관찰은 제한적이었지만, 관찰자의 시각에서 상당히 의미 있는 기록을 남긴 것만은 사실이다.

《고려도경》은 특히 고려의 차 문화를 살펴볼 때 매우 중요한 자료다. 고려시대 차에 대한 우리의 기록은 10세기부터 12세기 전반까지는 매우 소략하고, 그나마 조금 남아 있는 문인의 기록도 대부분 12세기 후반 이후의 것이기 때문이다.

서긍은 고려에서 생산된 차 맛에 대해 안타깝게도 혹평을 남겼다. 입에 댈 수 없을 정도로 쓰고 떫다고 기록했다. 이러한 평가를 어떻게 받아들일 것인가? 무턱대로 부정할 것은 아니다. 먼저 서긍이 차를 생산하고 제조하는 기술은 물론이고 문화적으로도 앞서 있던 중국에서 왔다는 점을 인정한다면 한층 이해되는 부분이 있다. 하지만 그가 다르다는 것에 편견을 가졌을 수

청자음각파어문완, 고려 11세기 ¹⁵

도 있으므로 고려의 차를 폄하했다고 보이는 면도 분명히 있다.

고려의 차 맛을 혹평한 뒤 이어지는 글은 고려인이 중국의 납차와 용봉단차를 귀하게 여기며 차를 즐겨 마신다는 내용이다. 물론 상인에 의해 중국차가 운반되어 판매되기 때문이라고 했지만, 기본적으로 고려 사람이 차 맛을 알고 또 즐긴다는 것을 인정한 것이다. 그리고 고려의 다구 제작 기술이 훌륭하다고 했다. 금색 꽃무늬의 검은 잔, 비색의 작은 사발, 은제 화로와 솥 등을 열거하며 중국 것을 모방했다고 했다.

국신 사절단이 머물던 객관에서는 매일 세 차례 차가 제공됐다. 차를 마시고 나면 곧 '탕湯'이 나왔는데, 이를 고려인은 '약藥'이라 부른다고 했다. 고려인은 이를 다 마시면 기뻐하고 남기면 무시당한다고 여겼으므로 억지로라도 다 마셔야 하는 애로가 있었다고 했다. 이를 통해 고려에서는 차 문화 못지않게 약으로 여겨지는 탕 문화가 상당히 발전했음을 알 수 있다.

차의 상품가치가 주식인 쌀과 함께 상당했음을 보여주는 기록도 식수 조달 과정을 설명하면서 나타난다. 즉 사절 일행이 항해하여 고려에 도착할 즈음 배에 비축했던 식수가 거의 떨어졌다. 이때가 되면 안전하게 목적지에 도착하느냐의 관건은 바람이 아니라 오히려 식수의 유무가 판가름하기도 했다. 이러한 때에 고려인은 식수를 싣고 중국에서 오는 배를 맞이했다. 식수를 보급받은 중국 배는 차와 쌀로 그 값을 보상했다. 차와 쌀이 가장 교환하기 수월한 품목이었음을 짐작할 수 있다.

중국차의 유입

고려의 차 문화가 발전했다고 평가할 수 있는 증거는 꽤 있다. 하지만 그 한계를 보여주는 증거 역시 분명하게 남아 있다. 뇌원차라는 고려의 대표적인 차가 존재했고, 고려의 다구는 서긍이 말했듯이 중국인도 인정하는 제작 기술과 아름다움을 갖추고 있었다. 또 고려의 수도 개경은 차 생산지에서 멀리 떨어져 있었지만 찻집이 운영됐고 차를 파는 상점도 있었다. 앞서 언급한 대로 차는 쌀과 함께 물물교환에 가장 용이한 품목이기도 했다. 이와 같이 차 문화가 발전했다는 증거는 여럿 있다.

하지만 동시에 한계도 있었다. 특히 중국산 차에 대한 선호 현상이다. 이 현상은 이미 이전 시대부터 있었다. 중국차가 일찍이 유입됐음을 중국차 종자의 유입이나 신라 최치원의 글을 통해서 보았고, 중국의 고급 차에 대한 열광도 고려 이규보의 글을 통해 이미 살펴보았다. 상품작물로 발달한 중국차의 유입은 국내의 차 생산에 지대한 영향을 미쳤음에 틀림없다.

일반적으로 발전했다고 평가되는 고려의 차 문화가 조선으로 이어지지 못한 가장 근본적인 원인을 생산에서 찾을 때, 국내 차 생산의 한계를 조성한 가장 큰 원인의 하나는 중국차의 유입이었다. 상품경제 발전의 한계라는 사회경제적 환경과 함께 중국차와의 경쟁이라는 여건은 고려의 차 생산을 위축시킬 수밖에 없었다. 차 생산이 전업 생산이나 일반 경제 영역으로 진입하지 못하면서 정치와 기타 외적 변화를 이겨내지 못했다는 점이 여말선초로 이어지는 시기의 고려 차 문화가 가지고 있었던 특징이다. 사찰 경제의 틀을 벗어나지 못한 고려의 차 생산은 불교가 침체기에 접어들자 자연히 쇠퇴할 수밖에 없었다. 중국차의 지속적인 유입은 고려의 차 생산이 성장할 여지를 일찌감치 저해했던 것이다.

고려에서는 중국의 차 중에서도 납차와 용봉단차를 귀하게 여겼다. 송 대에 납차는 주로 복건 지역에서 생산했고, 용봉단차는 일반 판매용이 아니었다. 용봉단차는 황실의 차였고, 일반에서는 하사를 통해서만 얻을 수 있었다. 고려인은 중국에서 하사품으로 보낸 차 외에 수입된 중국의 고급 차를 용봉차라고 불렀던 것으로 보인다. 이후 이 명칭은 중국산 고급 단차의 대명사가 되어 조선으로도 이어졌다.

홍선대원군의 아버지 남연군의 묘 이장 터에 있던 가야사의 돌탑에서 용단승설이 나왔다는 이야기도 중국차에 대한 기호

이상의 선호가 있었다는 것으로 볼 수 있다. 가야사의 돌탑이 해체된 것은 남연군 묘의 이장 터로 지목됐기 때문이다. 조상의 음덕을 보려는 사욕으로 대원군은 절에 불을 지르고 석탑을 허문 뒤 아버지의 묘를 이장했다. 석탑을 허물 때 탑의 사리공舍利孔에서 여러 가지 물건이 나왔는데, 그중 하나가 용단승설이었다고 한다. 이것이 진품이었다면 대단한 귀중품이다.

용단승설은 송 대 휘종의 선화 연간에 복건로 북원에서 만든 것으로, 황실차의 최고봉이라 할 수 있는 공차貢茶였다. 황제의 하사를 통해서만 민간에서 소유할 수 있는 것으로, 이른바 '금으로도 살 수 없는' 차였다. 용단승설은 상공용으로 270과銙만이 만들어졌다.

가야사의 돌탑 사리공에서 나온 용단승설 네 덩어리에 '용단승설'이라는 글씨가 새겨져 있었다고 하는데, 만약 그렇다면 이는 진품일 가능성이 낮다. 공차로 제조된 용단승설은 사방 약 3.6센티미터의 규격과, 그것을 담는 용도로 구불구불 승천하는 용무늬를 은으로 새겨 제작한 합으로 용단승설임을 확인해주는 것이지, 별도로 글씨를 새기지는 않았다. 오히려 북원의 조차국造茶局이 동과 서로 구분됐으므로 서국西局인지 동국東局인지에 따라 '서작西作' 또는 '동작東作'이라는 표시가 있었을 뿐이다. 따라서 용단승설이라고 쓰여 있었다면, 그것은 오히려 민간에서 고가로 판매하기 위해 만든 민간 판매용 차였을 가능성이 높다.

그런데 그 귀한 차를 왜 사리공에 넣었을까? 차를 공양한다는 의미에서 최고의 차를 넣었던 것은 아닐까. 이유야 어떻든 고려인이 중국차를 최고급 차로 여겼다는 사실은 분명하고, 이것이 토산차의 생산과 발전에 저해 요인이 된 것도 분명하다.

여전히 떡차

조선시대는 한국 차 문화의 흐름에서 차의 쇠퇴기로 규정된다. 하지만 조선의 차 문화는 독특한 특징을 가지고 있었다. 그 특징의 하나는 오랫동안 떡차와 말차를 끓여 마시는 방식을 고수했다는 점이다. 또 찻물 끓는 소리에 대한 감상을 유독 즐겼던 것도 조선 다인의 특징이었다.

조선의 차 문화가 이러한 특징을 가지게 된 원인을 몇 가지 꼽을 수 있다. 첫째, 차가 기본적으로 문인의 고상한 취미 영역에 있었다는 점이다. 둘째, 약용적인 음용이 강하게 작용했다는 점이다. 셋째, 차를 즐기는 문인은 대개 서적을 통해 차를 배웠다는 점이다.

동양에서 차를 마시는 방식은 자차법에서 점차법으로, 점차법에서 포차법으로 진행됐다. 조선 중기에 이르면 중국과 일본에서는 찻잎을 우려서 마시는 포차법으로 나아가고 있었다. 이에 바탕이 된 사회경제적 환경은 차 생산의 안정과 소비 확대를 가져왔다. 반면 조선에서는 차 생산이 매우 위축돼 있었고 중국차, 그중에서 특히 단차를 여전히 선호했다.

차에 관심 있는 문인은 대개 독서하는 지식인으로서의 고상함과 선진 문화를 수용하는 선각자적 태도를 표출하려는 의도가 있었다. 여기에 약용 효과에 대한 기대도 대단히 높았다. 게다가 육우의 《다경》은 이들에게 차를 이해하고 마시는 안내서 이상의 것이었다. 조선의 다인은 여전히 《다경》에서 제시하는 많은 것을 재현했다. 쳐연의 〈차를 마시다飮茶〉[16]라는 시에 그러한 경향이 잘 나타난다.

한 사발 찻잔에 거품이 가볍고 둥글게 뜨니
육우의 샘물에 숯불로 차를 끓여야 하리
처음에는 맷돌에 찻잎 갈리는 것 기뻐하다가
곧이어 게눈(소용돌이 모양) 일어나 찻물 끓는 소리 들었네
장을 적시는 효과 신속하니 세 잔을 들이켜고
위를 데우는 공이 깊어 만금의 값어치가 있네

어느새 두 겨드랑이 사이에 맑은 바람 일어나니

봉래산의 날아다니는 신선에게 달려갈 만하네

이 시는 조선 중기의 문신 최연이 1548년 중국 사행길에 지은 시를 모아 수록한 《서정록西征錄》에 실려 있다. 그가 차를 마시는 방식이나 감상은 육우가 살던 시대와 동일하다. 찻물을 선별하고, 찻잎을 갈고, 찻물 끓는 소리를 듣고……. 이렇게 조선의 다인은 《다경》을 고전으로 공감하는 데 그치지 않고 현실에서 실천해 나갔다. 물론 조선 전기의 학자 서거정은 "노동의 시는 읊을수록 쓴맛이요, 육우의 《다경》은 다 진부한 말이니"라고 했지만, 이것도 새로운 방식이나 자유로움을 추구한 것은 아니었다. 격식을 갖추어 마시느라 고생하지 말고 약용으로 자주 마시라는 의미였다.

독서로 차를 배운 대표적인 사람으로 조선 전기의 문신 이목을 꼽을 수 있다. 《다부茶賦》를 지은 이목은 머리말에서 "나는 차에 대해 전혀 몰랐다"라고 했다. 그가 차를 알게 되고 소중히 여기게 된 것은 《다경》을 읽은 뒤부터였다. 《다부》에서 그가 열거한 차 품종도 중국의 것이었다. 이렇듯 조선 문인은 차를 즐겨 마시면서도 조선의 차에는 관심이 적었다. 사상적 매몰이 가져온 문화적 매몰이라는 면이 있었다는 사실을 부정할 수는 없다.

반면 좀 더 자유롭게 생각하고 조선 차에 관심을 보인 다인이 있었다. 대표적으로 임상원과 이유원을 들 수 있다. 임상원은 차에 대한 높은 안목과 함께 유연한 사고를 지닌 다인이었다. 일본차에 대한 평가도 아끼지 않았고 조선 차도 높이 평가했다. 그가 일본의 말차를 맛본 것은 1675년 부산에서 일본 사신을 영접한 것이 계기가 됐을 것이다. 그는 일본차를 마신 감상을 〈일본차를 마시다飲倭茶〉[17]에서 이렇게 썼다.

한 봉지 차 가루가 옥가루에 필적하니
찬란한 산속에서 이슬 맞은 찻잎을 상상하네
삼나무 갑에 담겨 향기로운 차 안개 윤택하고
은 차통에서 쏟아내니 푸른 노을 펼쳐지네
차의 품질 겨룬다면 용봉차보다 나으니
서둘러 달이게 하며 게눈과 물고기 눈방울 분별하네
시원히 한 사발 마시매 봄잠이 달콤하니
꽃 그림자 섬돌 앞까지 올라온 줄 몰랐어라

이 시만 봐도 조선의 지식인이 당송 대의 고전을 얼마나 신봉했는지 알 수 있다. 중국에서는 그 명성이 사라진 지 오래인 송대의 용봉차를 조선의 지식인은 여전히 중국의 대표적인 차로 논했다. 물 끓는 소리를 분별하는 방식도 육우의 《다경》을 따른 것이었다.

임상원은 친구 최후상이 함평군수로 부임하자 전별시를 지어주며 "부디 그대여, 우전차를 보내주오"라고 마무리 지었다. 성균관 동료 김항이 강진현감으로 갈 때 지은 〈강진현감 김항을 보내며〉라는 글에서는 강진의 특산물인 소금, 젓갈, 차, 종이를 언급했다. 강진의 "차가 고저차처럼 쌍기雙旗가 훌륭하다"라고 하면서 말이다. 〈차를 달이며烹茶〉에서는 국내산 차가 공물로 바칠 정도로 우수하며, 《다경》에 올려 자랑할 만하다고 했다.

이유원이 쓴 〈죽로차竹露茶〉에는 19세기 조선의 차에 대한 여러 정보가 담겨 있다. 죽로차를 생산하던 강진현 보림사의 차나무는 무성하게 방치되어 있었다고 한다. 당시 보림사 앞에는 대나무 숲이 있었는데, 그곳에서 자라는 차나무에는 아무도 관심을 두지 않았다. 보림사 승려조차 차나무를 모를 정도였다. 이것만 봐도 조선 후기의 차 문화가 얼마나 척박했는지 짐작할 수 있다.

이곳 승려에게 찻잎을 아홉 번 찌고 아홉 번 말려서 차 만드는 방법을 가르친 사람은 다산 정약용이었다. 약재를 만드는 것과 같은 구증구포九蒸九曝 방식이었다. 정약용은 이대아에게 세 번 찌고 세 번 말리는 삼증삼쇄三蒸三灑 방법을 일러주기도 했다. 횟수의 차이는 있지만, 찌고 말리는 방식이 조선 후기까지도 주된 제조법이었던 것이다. 조선의 다인은 차 맛 자체를 좋아하면서도 차의 약용 기능에 대한 기대감도 높았다. 이 점이 차 문화가 지속된 요인이면서, 반대로 한계이기도 했다.

찌고 말려서 만든 떡차는 가운데 구멍을 내어 새끼줄로 꿰었다. 이러한 방식은 기본적으로 《다경》에 기록된 병차 만드는 방법과 유사하다. 《다경》에는 "시루에 찌고, 절구에 넣어 찧고, 틀에 넣어 치고, 불에 쬐고, 꿰미에 꿰어서 저장한다蒸之, 搗之, 拍之, 焙之, 穿之, 封之"라고 기록돼 있다. 잎차를 제조하기도 했지만, 주로 증제 덩어리차를 만들었다. 〈죽로차〉에서 이유원은 새끼줄로 꿴 110조각의 죽로차를 받아 맛보고는 "우리 차로 충분하여 저들 중국의 것은 부러워하지 않는다네"라고 했다.

언어 습관을 통해 본 차 문화

'차', '茶', 'tea'라는 단어를 각 지역에서 어떻게 사용하는지 살펴보면, 그 지역 차 문화의 단면을 읽어낼 수 있다. coffee의 경우 커피가 아닌 음료를 커피라고 일컫지 않는다. 반면 차는 정도의 차이는 있지만 좀 더 광범위하게 사용된다. 우리는 허브티, 인삼차, 보리차와 같이 찻잎과 상관없는 음료도 차라고 한다. 아마도 물에 끓이거나 뜨거운 물에 우려내 마시는 방법상의 공통점이 작용한 이유일 것이다.

차를 광의의 용어로 사용하는 정도가 가장 높은 곳이 바로 한국이다. 우리는 마시는 음료의 통칭처럼 '차'라는 단어를 쓴다. 녹차도 차고, 심지어 커피도 차다. 보리차, 인삼차, 레몬차, 생강차 등등 찻잎이 들어가지 않는 것도 모두 차라고 한다. 이러한 언어 습관은 이미 조선시대부터 시작됐다. 정약용이 쓴 우리말과 중국어 어휘 탐구서인 《아언각비雅言覺非》에서 그는 다음과 같이 '차茶'라는 단어의 의미를 포괄적으로 사용하는 조선 사람의 언어 습관을 지적한다.

우리나라 사람은 '차茶'라는 글자를 탕湯, 환丸, 고膏처럼 먹는 방법으로 인식하여 한 가지 재료를 달인 것을 모두 차라고 한다. 그리하여 생강차, 귤피차, 모과차, 상지차桑枝茶, 송절차松節茶, 오과차五果茶라고 습관처럼 쓰는데, 이것은 잘못이다. 중국에는 이런 법이 없다. (……) "백차(柏茶)를 달이네", (……) "한 잔의 창포차菖蒲茶요", (……) "감람차를 달이네" 등은 모두 차정茶錠 속에 (찻잎과 더불어) 측백잎, 창포잎, 감람잎을 섞어 끓였기 때문에 차라고 한 것이지, 한 가지 특별한 것만 달인다고 해서 차라는 이름을 함부로 붙인 것은 아니다.[18]

조선 사람은 찻잎이 들어가지 않아도 끓여서 마시는 음료는 모두 차라고 했다. 왜 이러한 언어 습관이 생긴 것일까? 이는 조선의 차가 독자적 영역을 상실하면서 끓여 마시는 음료를 대변하는 용어로 살아남았기 때문에 생겨난 것이라고 유추할 수 있다. 고려시대에 차 문화가 상당히 발전했다는 것은 주지의 사실이다. 차는 끓여 마시는 음료의 대표 격이었다. 차 문화가 쇠퇴한 조선시대에는 언어 사용의 습관만 유지되고 차를 마시는 습관은 소수의 문화로 남았다.

이와 관련하여 조선 후기의 문신 이만용이 쓴 〈금강산 폭포 물로 병차 한 덩이를 숯불에 달이니 산 향이 짙어라〉에서 '병차'라고 한 것이 바로 정약용이 말하는 언어 습관에 해당한다. 이만용은 금강산에서 달인 병차가 금강산에서 나는 차라고 설명했다. 혹자는 이를 근거로 예전에는 금강산에서도 명차가 생산됐다고 말하는데, 그것은 가능성이 낮은 일이기도 하고, 조선의 언어 습관에 대한 오해 때문임을 이해해야 한다. 앞서 정약용이 말한 대로 찻잎과 상관없는 차인 것이다. 약용 식물을 소재로 한 음료 또는 약용의 일종이었다고 보는 것이 타당하다.

또한 조선 문인의 글에 많이 보이는 용단, 소단小團, 용봉차라는 표현도 조선 차 문화의 단면을 보여준다. 용단, 소단, 용봉차는 송 대 북원에서 생산한 어용차의 명칭이다. 송은 어용차 생산을 지역적으로 단일화하여 품질을 제고하는 방식을 채택해 황실차의 권위를 유지했다. 따라서 이런 차는 일반에 판매되지 않았어도 최고의 명성을 얻었다. 고위 관료조차 소단 한쪽을 하사받고는 귀해서 마실 엄두도 내지 못할 정도였다. 이러한 명성을 가진 건계의 단차는 이후 상품화되면서 중국차를 선호하는 주변 지역으로도 판매됐을 것이다.

그렇다면 조선의 문인이 말하는 용단, 소단, 용봉차는 어떤 차였을까? 조선 초기에는 상인에 의해 용단 등의 중국차가 유입됐다. 시간이 흘러 중국에서 단차 제조가 중단된 이후에도 조선에서는 용단 등의 명칭이 계속 쓰였고 18세기가 지나도록 문인의 글에 자주 올랐다. 조선 중기를 지나면서 용단차의 의미는 건계에서 생산되던 차를 의미하는 것이 아니라, 넓게는 중국차 전부를, 좁게는 진상된 중국의 고급 차를 의미하는 용어로 사용된 듯하다. 1616년 중국에 사신으로 다녀온 이정구가 당시의 중국 사행 기록인《병진조천록丙辰朝天錄》에 시를 남겼는데, "용단가품은 송라라고 한다龍團佳品說松蘿"라는 구절로 시작된다. 송라차는 휘주徽州 송라산에서 생산되는 차였으므로 이때 용단은 황제의 진상차라는 의미로 해석해야 한다.

왕의 말로 본 차 문화

1430년 겨울 세종은 경연에서 중국의 각차법榷茶法을 논하면서 "중국에서는 어찌 차를 좋아하면서 엄히 금하는가? 우리나라는 궐내에서도 차를 쓰지 않는다. 좋아하는 것이 각각 다르기가 또한 이와 같구나"라고 했다. 이 기록으로 조선은 궁중에서도 차를 마시지 않았다는 사실을 확인할 수 있다. 조선 전기부터 이미 차 문화가 얼마나 위축돼 있었는지 알 수 있다.

차와 그 상품화에 관심이 없었던 조선은 중국의 차 생산과 유통 과정에 대한 총체적인 정보를 정확하게 파악하지 못했다. 따라서 중국의 각차, 즉 차의 전매제도도 단순히 '금지'라고 이해했음을 세종의 말에서 알 수 있다. 중국이 전매세노를 시행한 목적은 차의 생산과 소비를 억제하기 위해서가 아니라, 그와 관련된 수익을 국가가 장악하고자 하는 데 있다는 사실을 간과하고 있었다. 이러한 인식은 조선시대 내내 지속됐다.

16세기 후반 선조의 말에서도 크게 달라진 것이 없음을 확인할 수 있다.《선조실록》1598년조를 보면, 선조와 명나라 장수 양호의 대화가 나온다. 양호는 정유재란(1597) 때 조선에 파병되어 왔다. 양호는 차와 관련된 구체적인 의견까지 제시했지만, 선조나 조정에서는 이에 관심을 보이지 않았다.

이덕리, 동다기, 1793

양호는 전라도 남원에서 생산되는 차가 품질이 좋은데 왜 그
것을 생산하지 않으며, 또 왜 그 차를 마시지 않는 것인지 의아
해했다. 남원차를 생산하여 요동에 내다 팔면 괜찮은 수익을 올
릴 수 있다는 제안까지 했다. 그러자 선조는 남원의 차가 작설
차이지 육안차六安茶 종류는 아니라고 했다. 선조가 말한 육안
차는 중국 휘주 육안현에서 생산되는 녹차였다. 그런데 왜 선조
는 작설차와 육안차를 다른 것이라고 말했을까? 이는 조선 사
람의 차에 대한 인식이 반영된 것이었다.

당시 조선 사람은 작설차를 알고 있었지만, 그것이 차나무 잎
으로 만든다는 사실은 몰랐다. 18세기에 이덕리는 《동다기東茶
記》에 "작설을 따서 차를 만들지만, 대부분 찻잎과 작설이 본래
한가지라는 것을 (사람들은) 알지 못한다. 그래서 찻잎을 따거나

차를 마시는 사람이 없다. 간혹 호사가는 차라리 북경에서 차를 사올지언정 가까이 우리나라 안에서 찻잎을 구할 줄은 모른다" 라고 기록했다. 이렇듯 조선 사람은 작설차를 그저 약재의 한 종류로 인식했다. 그것이 찻잎이라는 것을 몰랐다. 선조가 안휘성 육안현에서 생산되는 녹차인 육안차와 작설차가 다르다고 말한 것도 일반 백성의 인식과 다르지 않았기 때문이다.

조선의 조정에서도 양호가 제안한 차와 관련된 일은 주목을 끌지 못했다. 양호가 차 이야기를 꺼낸 것조차 일을 잘하지 못한다는 비난을 하기 위한 것이라고 생각했다. 조선의 조정이 이렇듯 양호의 차 이야기에 대한 사실 확인과 가능성에 하등 관심을 두지 않았다는 것은 매우 아쉬운 일이다. 18~19세기에도 차의 무역 상품화를 주장하는 의견이 없시는 않았지만, 누구도 그런 의견에는 관심을 기울이지 않았고, 한 번도 그런 의견이 정책에 반영되는 일은 없었다. 이것은 차에 대한 기본적인 사실 이해와 인식 부족에 기인한 것이라고 볼 수밖에 없다.

차와 인삼

고려 왕실은 차를 즐겼지만, 조선 왕실은 인삼차를 즐겼다. 따라서 혹자는 인삼이 차를 대체했다고 설명한다. 그러나 차 생산과 소비의 쇠퇴 문제는 인삼과 그렇게 밀접한 관련이 있다고 볼 수 없다. 인삼은 한반도의 유명한 토산물로 예전부터 명성이 자자했지만, 오랫동안 산삼 또는 자연삼으로 채취돼왔으므로 소비에 한계가 있었다. 즉 일반적으로 인삼차를 즐기기란 불가능했다는 이야기다. 인삼차를 즐기려면 왕실이나 고관대작 정도는 돼야 가능했다. 대중의 소비는 역시 약용일 수밖에 없었다.

고려시대의 인삼은 이른바 장뇌삼 재배가 상당히 자리를 잡았던 것이 사실이다. 이는 고려의 주력 수출품인 고가의 상품이었다. 서긍의 《고려도경》에도 특산품으로서 인삼에 대한 기록이 남아 있다. 서긍은 고려 인삼은 생삼과 숙삼으로 구분되는데, 오래 보관하기 위해 쪄서 익힌 숙삼이 많이 유통된다고 했다. 서긍은 고려 인삼의 모양이 납작한 것이 항상 궁금했는데, 중국인은 고려인이 인삼을 찔 때 즙을 짜내기 때문이라고 생각했다. 하지만 직접 고려에 와보니 숙삼 모양이 납작한 것은 즙을 짜냈기 때문이 아니라, 숙삼을 보관하고 운반할 때 벽돌처럼 쌓아두어서 그렇게 된 것일 뿐이라는 사실을 알게 됐다. 그는 고려 인삼은 어디서나 재배가 가능하지만, 춘주春州(현재의 춘천)에서 나는 것이 가장 좋다고 했다.

17세기에 들어와 인삼의 인공 재배가 발전하면서 인삼과 인삼차의 소비가 활발해지기 시작했다. 차는 이미 고려 말부터 생산과 소비가 위축되고 쇠퇴해가고 있었기 때문에 시기적으로 인삼의 재배와 소비가 차의 쇠퇴와 맞물려 있다고 설명하기는 어렵다. 단, 민간에서 약용 기능을 하던 차 소비가 인삼 보급으로 그 기능마저 상실했다고 보는 정도는 타당하다.

1760년의 표류선

1760년 중국의 무역선 한 척이 한반도 남해안에 표류했다. 이 배에는 중국차가 가득 실려 있었다. 무역선이 표류해온 이 사건은 우연이지만, 당시 세상의 변화를 조망할 수 있는 좋은 계기가 될 수도 있었다. 그러나 조선의 공식 기록에 이 표류선에 대한 내용은 찾아볼 수 없다. 이는 이 사건이 조신의 관심 밖이었다는 말이 된다. 조선은 이 사건을 새로운 계기로 만들지 못하고 그저 의미 없는 하나의 사건으로 흘려보내고 말았다.

하지만 박제가와 이덕리는 구체적인 기록을 남겼다. 박제가는 《북학의北學議》(1778)에서 이 표류선에 관해 "나는 황차黃茶를 실은 배 한 척이 표류하다 남해에 정박한 것을 일전에 본 적이 있다. 온 나라가 그 황차를 10여 년이나 사용했는데, 지금도 여전히 남아 있다"라고 기록했다. 황차를 가득 실은 중국 선박이 표류하다 남해에 정박했고, 결국 그 차는 조선에서 판매됐다. 10여 년을 사용하고도 남을 정도였다니 차가 엄청 많았다는 뜻이기도 하면서, 동시에 조선의 차 소비가 제한적이었음을 말해주는 것이기도 하다. 즉 조선에서는 일상적으로 차를 마시는 것이 아니었다고 이해해야 할 것이다.

당시 표류선의 중국 상인은 수완이 무척 좋았던 듯하다. 표류 지역의 조선 백성이 중국차에 호기심을 보이자, 이를 이용해 중국 상인은 이 차를 그들에게 판매하거나 비용으로 지불했다.

이덕리는 표류선에 실려 있던 차의 모양과 이름에 대해《동다기》에 "중국 무역선이 (표류해) 왔을 때 온 나라가 그것(그 배에 실린 차)을 황차라고 불렀다. 그러나 가지가 너무 긴 것으로 보아 결코 이른 봄에 채취한 찻잎이 아니었다. 당시 표류해온 사람이 정말로 황차라고 이름을 전했는지 알 수 없는 노릇이다"라고 기록했다.

이덕리는 당시 표류선에 실려 있던 차를 황차라고 불렀던 것에 의구심을 가졌다. 아마도 잘못 전해들은 것이라고 생각한 것 같다. 다서를 찾아본 이덕리가 이해한 황차의 모양과 표류선에 실려 있던 차는 너무 달랐다. 그가 다서에서 찾아본 황차는 이른 봄에 딴 작고 귀한 찻잎으로 만든 차였다. 그런데 표류선에 실린 차는 가지도 길고 잎도 커서 도저히 이른 봄에 채취한 것이라고 볼 수 없었다.

이덕리가 알고 있는 황차는 《다보茶譜》, 《엄주사부고弇州四部稿》, 《정덕집淨德集》 등에 따르면, '편갑片甲'이라고도 하며 이른 봄에 딴 찻잎으로 만든 차였다. 작설, 조자鳥觜, 편갑, 선익蟬翼은 모두 이른 봄에 딴 찻잎의 모양을 빗댄 명칭이다. 찻잎이 마치 참새의 혀(작설)와 같고, 새의 머리 뿔(조자), 갑옷미늘 조각(편갑), 매미 날개(선익) 같다고 해서 붙여진 이름이었다. 다서에 나오는 '편갑 같은 황차'는 이른 봄에 딴 갑옷미늘 조각 같은 잎 모양을 한 사천의 몽정황아蒙頂黃芽를 이르는 말이었다. 몽정황아는 5만 6000개의 잎으로 한 근의 차를 만들었다고 할 정도로 소량의 고급 녹차였고, 덩어리차가 아니라 잎차, 즉 산차였다. 단지 그 싹의 색이 노란빛을 띠었기 때문에 황차라고 했다.

그런데 이 표류선에 실린 황차는 가지가 길고 잎도 커서 도저히 이른 봄에 채취한 것으로 보이지 않았다. 이 황차는 다서에 기록된 황차가 아니었다. 그것은 몽정황아가 아니라, 명청 대 해상무역 관련 기사에 보이는 황차였다. 이때 황차는 발효된 차로, 늦게 채취한 찻잎으로 만든 복건 지역 차의 한 종류였다.

청 대의 관료인 황숙경黃叔璥이 쓴 《대해사사록臺海使槎錄》에는 명청 대에 장주漳州와 천주泉州를 중심으로 해상무역이 활발했으며, 어떤 물품을 어디로 실어 날랐는지 등이 기록되어 있다. 다양한 물품이 바다를 통해 교역됐는데, 차는 건녕建寧에서 실었고 산해관 동쪽의 관동關東, 즉 동북 지역으로 오차烏茶와 황차를 가져가 팔았다고 했다. 여기서 오차와 황차는 발효차이며, 늦게 딴 잎으로 만든 저렴한 차였다. 건녕에서 가져온 오차와 황차는 중국의 동북 지역으로 판매됐고 유럽으로도 수출됐다. 당시 배에 오차나 황차 한 가지 화물만 가득 실었을 정도로 차는 중국에서도, 유럽에서도 수요가 매우 높았고, 따라서 교역도 활발했다.

1760년 한반도 남해에서 표류한 황차 무역선은 아마도 건녕에서 관동으로 가려고 했던 배였을 것이다. 당시 오차와 황차를 가득 실은 배는 복건에서 북쪽으로는 관동으로, 남쪽으로는 바타비아(자카르타) 등지로 향했다. 이때 차를 오차나 황차라고 했던 것은 차가 발효되어 찻잎의 색이 녹색을 띠지 않고 갈색이나 짙은 색을 띠었기 때문일 것이다.

18세기는 중국과 영국 간의 차 무역 규모가 상당히 성장한 때였다. 1610년에 시작된 차 무역은 점차 녹차에서 홍차로 그 중심이 옮겨졌다. 1700년대 100년 동안 유럽에서 차 소비는 300배가 증가하고 가격은 5퍼센트로 낮아져 대중적인 소비가 가능해졌다. 따라서 표류해온 배처럼 차를 가득 실은 배가 활발히 바다 위를 누볐다.

결론적으로, 1760년에 표류되어 한반도 해안으로 밀려온 중국의 무역선은 조선에 많은 새로운 정보와 사실을 알려줄 수 있는 계기였다. 그러나 당시 조선의 지식인 대부분은 그러한 정확한 정보와 사실을 인지하지 못했다. 소수의 진보적인 의견은 쉽게 무시됐다. 여전히 중국의 권위에 눌려 독자적인 인식과 파악 능력이 부족했던 상황을 보여주는 작은 사례라고 하겠다.

같은 내용이 반복된 기록

차와 관련해 정보를 활용하지 못한 사례는 일본 통신사의 기록에도 유사하게 보인다. 조선 사회가 차 문화에 관심이 없어서였는지, 아니면 외부 세계에 관심이 없었던 것인지 300년 가깝도록 조선인은 일본에 관해서도 같은 정보를 반복했다.

1443년 조선통신사의 서장관으로 일본을 방문했던 신숙주는 일본의 지형과 풍속, 의례 등을 살피고 그것을 세종에게 보고했는데, 이것이 바로 《해동제국기海東諸國記》다. 이 책에 당시 일본 무로마치室町 막부의 차 풍속이 자세히 기록되어 있다. 《해동제국기》에 따르면, 당시 일본인은 저마다 차 마시기를 좋아했다. 거리에는 차를 파는 찻집이 있었고, 오가는 사람은 동전 한 닢을 내고 차 한 주발을 사서 마셨다. 사람이 모이는 곳이라면 어디든 시장을 열고 가게를 차렸다.

그런데 그로부터 270여 년이 지난 1719년 통신사의 제술관으로 일본을 방문했던 신유한이 《해유문견잡록海遊聞見雜錄》에 남긴 기록도 크게 다르지 않다. 《해유문견잡록》에 따르면, 일본 사람은 남녀귀천을 막론하고 그냥 물을 마시는 법이 없고 모두 차를 끓여 마셨다. 이에 집집마다 곡물보다 차를 비축하는 데 더 신경을 썼다. 끼니마다 꼭 차를 한 잔씩 마시기 때문에 저잣 거리에 솥을 걸고 차를 달이는 사람이 즐비했다.

물론 첫 해외 견문록이라는 점에서 같은 부분이 있을 수 있다. 하지만 상대국에 대한 이해가 제자리걸음에 머물렀다는 점은 인 정할 수밖에 없다. 가게를 열고 거리에서 차를 사서 마시고 시장 이 활발하다는 상황을 반복해 설명했을 뿐, 이를 통한 사회나 상 업의 발달에 대한 이해로 사고가 확장되지 않았다. '구슬이 서 말이라도 꿰어야 보배'라는 말이 있는데, 조선이 보유했던 많은 정보는 꿰이지 않고 각기 흩어져 의미 없이 지나가고 말았다.

조선의 차 문화를 보는 시각

조선의 차 문화를 말할 때 흔히 '18~19세기를 차 문화의 중흥 기'라고 한다. 이는 다산 정약용과 초의선사 등의 상징성이 만 들어낸 것이기도 하고, 북학파의 연구와도 관련이 있다. 그리고 연구자조차 고민 없이 정설로 받아들이는 경향이 있는 것도 사실이다.

18~19세기는 《부풍향차보扶風鄕茶譜》, 《동다기》, 《동다송東茶頌》, 《다신전茶神傳》 등 차 관련 책이 출간된 시기이고, 정약용·신위·초의선사·홍현주·이유원 등의 문학 작품도 다수 남겨진 시기이므로 당연히 차 문화가 특징적인 시대임에는 틀림없다. 그런데 '이 시기를 중흥기로 규정할 수 있는가' 하는 문제에 대해서는 좀 더 신중할 필요가 있다. 왜냐하면 이 시기를 중흥기로 본다는 시각은 그 앞 시기, 즉 조선 중기의 차 문화가 쇠퇴하고 심지어 단절된 상태였다는 것을 암묵적으로 시인하는 것이기 때문이다.

과연 15~17세기 조선 중기의 차 문화가 후기와 비교하여 쇠퇴하고 거의 단절된 상태였다고 말할 수 있을까? 그렇다면 조선 중기의 문인이 남긴 차와 관련된 문학 작품이 오히려 후기의 작품보다 월등히 많다는 사실은 어떻게 설명할 것인가? 이 지점에 이르면 18~19세기 차 문화의 발전을 중흥기로 표현하는 것은 다소 오해의 소지가 있다는 사실을 인정하게 된다.

조선의 차 문화는 통치가 안정되는 15세기 중반 이후 문인 중심으로 차 문화를 형성했다는 특징을 보인다. 후기의 차 문화는 오히려 소수 마니아층이 강조되는 경향을 보인다. 이들과 북학파와의 관련성도 깊은 것으로 보인다.

고려의 차 문화와 조선의 차 문화는 크게 두 가지 면에서 구별

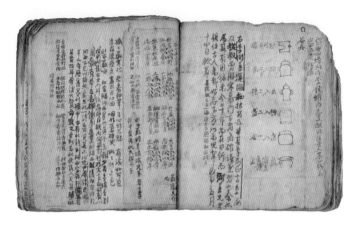

황윤석, 부풍향차보, 1755

할 수 있다. 하나는 문화의 중심에 왕실이 있었는지의 여부다. 고려는 왕실의 차 문화가 중심 기능을 했다고 할 수 있다. 반면 조선은 그랬다고 보기 어렵다. 다른 하나는 문화의 중심이 어떤 계층에 의해 구성됐느냐. 고려가 귀족 문화였다면, 조선은 일부 문인이 차 문화의 중심에 있었다. 고려와 조선 둘 다 기본적으로 사회 상층의 문화라는 범주에서 발전했다.

조선의 차 문화 연구는 중국이나 일본과 비교하여 자격지심이 많이 작용한 시각을 보인다. 중국의 차 문화는 일찍이 안정적인 생산 환경을 확보하며 대중적인 차 문화를 이어왔다. 일본은 상층 문화로서의 권위를 확립하면서 차 문화의 저변을 확대해 나갔다. 한국은 고려시대 귀족 중심의 차 문화에서 조선시대 소수 문인의 문화로 귀결됐다고 보아야 할 것이다.

중국과 일본에서 모두 차 문화가 발전하고 있었는데, 조선에서는 왜 차 문화가 사라져갔을까? 중국에서는 탄탄한 생산성을 기반으로 누구나 마시는 일상의 차로 발전했고, 일본은 권력과 부의 상징으로서 말차 다도가 자리를 잡고 있었다. 그러나 한국에서는 문인의 교양과 취미의 선에 머물러 있었다. 차의 생산과 공급에서 자급적인 단계, 전업적인 단계로 발전하지 못한 것이다. 게다가 중국차 선호까지 겹쳐져 국내의 차 생산은 매우 위축됐다. 생산 위축으로 물질적 토대가 빈약했다는 것은 차 문화 발전에 가장 큰 걸림돌이었다.

여기에 조선 차 문화의 특징이자 또 다른 걸림돌로 중국 고전에 대한 집착을 지적할 수 있다. 조금 과장되게 설명한다면 조선의 차 문화를 이끌었던 다인은 이론으로 먼저 차를 배웠다고 할 수 있다. 차를 즐기고 감상하면서 이론을 갖춰가기보다는 글로 먼저 배운 후에 즐기는 경향이 있었다. 그래서인지 차에 대해 표현할 때도 그 권위를 고전에 의탁했다. 이것이 조선의 다시에서 많은 고전을 인용한 사례가 다수를 차지하는 이유일 것이다. 차를 즐기는 문인은 전문성을 높인 소양을 중시했지만, 그것은 고전에 준한 것이었다. 차에 탐닉했던 사람조차 8세기에 쓰인 《다경》의 내용을 그대로 재현하고자 했고, 송 대 사대부의 감상에서 벗어나지 못했다. 조선 문인의 시에 물 끓는 소리에 대한 감상이 많은 이유도 같은 맥락으로 볼 수 있다.

소중화小中華를 자처했던 사고방식도 발전과 변화의 문에 자물쇠를 단단히 걸어 잠그게 했다. 중국에서는 사라진 《다경》 속의 떡차가 조선에서 계승됐고, 송 대 황제의 차였던 용단승설도 19세기까지 언급됐다. 이러한 현상은 조선의 소중화주의와 관련이 있다. 일방적으로 옛것만을 숭상하는 태도, 현재의 변화를 인정하지 않는 태도가 다음 단계로 나아가는 출구의 문을 닫아 버린 것이다.

일본 차 문화의 흐름

차
의

유
입
과

투
차

입당구법승入唐求法僧과 차

동아시아 한·중·일 삼국 중에서 일본은 차가 가장 늦게 보급됐다. 그런 만큼 말차 마시는 방법의 완성된 형태가 보급됐고, 지금까지도 그 원형이 그대로 이어진다는 것이 일본 차 문화의 특징 중 하나다. 일본의 전통적인 말차 마시는 방식과 그 예법을 '차노유茶の湯' 또는 '다도茶道'라고 한다. 다도라는 말은 에도시대(1603~1868) 초기에 쓰기 시작하여 17세기 중엽에 차노유를 대신하는 말이 됐다. 우리가 일반적으로 일본 다도의 완성자로 알고 있는 센노리큐의 시대, 즉 16세기에 다도라는 말은 아직 사용되지 않았다.

일본의 차 문화를 다도의 성립 과정을 중심으로 살펴보면 투차, 즉 바사라차婆娑羅茶에서 서원차書院茶로, 서원차에서 초암차草庵茶로 발전하며 완성됐다고 할 수 있다. 한편 차의 생산과 차 문화의 범주라는 면에서 보면 차가 주로 수입되던 때와 차가 일본 내에서 생산되어 보급되던 때로 크게 구분된다. 중국의 고급 차를 수입해 소비하던 헤이안平安시대(794~1185)에는 귀족이 형성한 차 문화가 있었지만 이는 단절됐다. 이후 일본 내에서 차가 본격적으로 재배되면서 도가노오차가 명성을 얻었다. 이 시대에는 귀족과 무사를 중심으로 한 상층의 차 문화가 발전했고, 15세기에 우지차宇治茶의 생산이 확립되면서 서민층에까지 차 문화가 발전한 모습을 보였다.

일본에 차 문화가 전해진 시기는 대략 9세기경이다. 그 상징적인 사건으로 815년 승려 에이추永忠가 범역사梵釋寺에서 사가嵯峨 천황에게 차를 올렸던 것을 꼽는다. 그 이전 기록에 중국으로부터 차 종자가 전래되어 재배됐다고 하지만, 이는 추측일 뿐 신뢰할 만한 사실로 증명하기는 어렵다.

헤이안시대에 중국을 다녀간 유학승은 일본으로 중국 문화를 도입하고 전파하는 데 중요한 일을 담당했다. 이미 일본은 견수사遣隋使와 견당사遣唐使를 중국에 파견함으로써 직접 중국의 문물을 받아들이고 있었다. 견수사는 3회, 견당사는 630~894년에 열여섯 차례나 파견됐다. 이후 헤이안시대에는

중국풍이 크게 유행했다. 차도 중국 문화를 대표하는 것의 하나
였다.

이 시기에 일본에 차를 전파한 유학승은 에이추와 사이초最
澄, 구카이空海를 들 수 있다. 이들의 활동으로 일본에 차가 재
배되기 시작했고, 아직은 제한적이지만 귀족과 승려가 차를 즐
기게 됐다. 에이추는 770~780년경 당으로 건너가 30여 년간
체류하다가, 63세가 되던 805년에야 귀국했다. 이해에 사이초
와 구카이도 함께 귀국길에 올랐다. 유학승은 대개 중국에서
1~2년 정도 체류하다 돌아왔지만, 에이추는 체류 기간이 매우
길었다. 그런 만큼 차를 습득할 충분한 시간이 있었을 것이다.

815년 에이추가 범역사에서 사가 천황에게 차를 올렸다는
기록은 공식적으로 인정되는 일본의 차에 관련된 첫 기록이다.
사가 천황이 재위하던 9세기 초는 견당사를 통한 교류의 결과
중국에서 전래된 귀족 문화가 일본의 상층 문화로 확립되는 시
점이었다. 정치적 안정을 기반으로 사가 천황은 당풍唐風에 따
른 각종 격식의 편찬과 의례의 정비를 이루어 나갔다. 또 그 자
신도 문예에 출중해 궁중 문화의 중심을 이루며 문화를 꽃피웠
다는 평가를 받는다.

궁중 의식과 관련한 연중행사의 절차 등 궁정 의례가 이 시기
에 정비됐으므로 에이추가 사가 천황에게 차를 올렸다는 815년

당시는 차에 관심을 표출하기 좋은 때이기도 했다. 이는 곧 차 재배로 이어졌다. 사가 천황은 차 재배를 장려하고 궁궐 안에도 다원을 조성하여 조차소造茶所라는 관청을 두었다. 그렇다고 이를 계기로 일본의 차 재배가 활성화된 것은 아니었다. 차가 처음으로 재배되고 제조됐다는 정도의 의미일 뿐이고, 주된 소비는 수입된 중국산 차에 의존했다.

차 공급이 주로 수입에 의존했다는 것은 보급의 한계를 의미하는 것이다. 따라서 이 시기에 차 마시는 습관은 일상생활로까지 스며들지는 못했다. 선진 문화로 인식된 중국 문화를 동경하는 헤이안시대의 귀족과 승려가 주로 신분적 행위로, 의례적으로 음용하는 정도였다. 차는 궁중에서 불교 의례를 행하거나 대신에게 베푸는 의례 또는 사찰에서 행하는 의례에 정착하는 양상을 보였다.

그런데 9세기 말이 되자 견당사가 폐지됐다. 이로 인해 이제 막 뿌리를 뻗으려고 하는 차 문화의 싹이 잘리고 말았다. 지나친 중국 문화의 동경에 대한 반성이 이루어지면서 귀족과 승려 사이에서 음용되던 차는 급속히 쇠퇴하는 분위기를 맞았다. 또 견당사가 폐지된다는 것은 중국으로부터 수입되던 고급 차의 공급이 단절된다는 의미였다. 이는 당시 제한적이던 차 수요마저 위축시키기에 충분했다. 일본에서도 차가 재배되고 제조되기 시작했다고는 하지만, 그간의 고급 소비를 주도할 수 있는 정도는 아니었다. 따라서 중국으로부터 공급되던 고급 차의 공급 단절은 귀족이 보였던 차에 대한 관심을 저하시키는 데 충분히 영향을 미쳤다.

당시 귀족의 차에 대한 관심은 중국 문화에 대한 동경의 일부였을 뿐이다. 차에 대한 본질적인 관심이나 접근이 이루어진 것이 아니고 대륙 문화에 대한 단순한 모방 차원이었다. 따라서 견당사의 폐지와 함께 그 관심도 저하된 것이다. 귀족의 문학 작품에서 차를 언급하는 일이 점차 줄어들었다는 것도 이러한 사실을 방증한다. 그렇다고 차가 완전히 사라진 것은 아니고 그저 각종 의례에서 명맥을 겨우 이어가는 정도였다. 하지만 이후 가마쿠라시대에 이르면 재차 차 문화가 도입되고 보급이 확산된다.

에이사이와 《끽다양생기》

일본에 차 문화가 뿌리내려 지속적인 발전을 하게 된 계기는 선승 에이사이榮西에게 있다. 그가 중국에서 돌아올 때 가져온 차 종자로 실제 재배에 성공했는지의 여부는 논외로 하더라도, 그는 일본 차 문화의 지속적인 발전에 계기가 된 인물임에는 틀림

없다. 그는 일본에 차 문화를 뿌리내리게 한 선구자였다. 에이사이는 1168년과 1187년 두 차례 중국에 갔다가 1191년 귀국했다. 그는 선종과 함께 당시 송의 차 문화를 일본에 도입했는데, 송의 말차 마시는 방식인 점차법이 이때 들어와 일본 차 문화의 모태가 됐다.

1214년 에이사이와 가마쿠라 막부의 3대 쇼군 미나모토 사네토모源實朝의 만남은 무사 사회에 차가 보급되고 유행하게 되는 계기가 됐다. 그해 2월 3일 사네토모는 전날 밤새도록 연회를 즐겼는지라 숙취로 고생하고 있었다. 이에 에이사이가 좋은 약이라며 말차 한 잔을 올려 숙취를 해결해주었다. 말차 한 잔이 몸의 괴로움을 해결하고 마음의 평정을 되찾게 해준 것이다. 당시 최고 권력자와의 이러한 일화는 차의 재배와 보급에 결정적인 계기가 됐다. 차의 효능에 대한 기대감과 함께 고급문화의 이미지를 가지고 차는 상급 무사 사회 속으로 빠르게 스며들었다. 이를 증명하듯이 가마쿠라시대의 무인이 차를 선물로 보내거나 차를 구하는 내용의 서신도 다수 남아 있다.

차 보급을 활성화한 것은 이러한 일화와 함께 《끽다양생기喫茶養生記》(1211)라는 구체적인 서적의 제공이었다. 당시 에이사이는 사네토모에게 차를 올리면서 '차의 덕을 기리는 글'이라는 제목으로 이 책을 함께 진상했다. 《끽다양생기》는 "차란 말세에는 양생의 선약仙藥이며, 사람의 수명을 연장하는 묘술이다"라는 문장으로 시작된다. 에이사이는 양생을 통한 완벽한 현생의 추구가 불법의 완성이라고 보았다. 그리고 이것은 귀족은 물론이고 대중 모두에게 실현되어야 한다고 생각했다. 따라서 삼보(佛·法·僧)의 기원을 통한 효험으로 불법을 경험하는 것보다는, 확실하고 구체적인 약용 방식의 실천과 적용을 활용하는 것이 오히려 더 유용하다고 했다. 그러한 실천을 위한 지침서로서 《끽다양생기》라는 일본 최초의 차 관련 서적이 탄생한 것이다.

에이사이를 일본 차 문화 보급의 선구자라고 말할 수 있는 것도 이 《끽다양생기》에서 기인한다. 이 책은 미나모토 사네토모에게 진상됐지만, 그 내용은 권력자만을 위한 것이 아니고 일반 대중까지 포함한 것이었다. 따라서 《끽다양생기》에는 심오한 뜻보다는 상당히 현실적인 질병에 대한 치료 방법이 제시되어 있다. 특히 다섯 가지 병, 즉 음수병飮水病, 중풍으로 손발이 의도대로 움직이지 않는 병, 못 먹는 병, 부스럼, 각기병에 대한 처방을 일러놓았다. 음수병은 소갈병과 같은 것으로 오늘날의 당뇨병과 비슷한 질병이었던 것 같다. 이런 것이 당시 사람이 가장 고생하던 대표적인 질병이었다. 결국 차를 통해 육체는 중병의 고통에서 벗어나 태초에 누리도록 되어 있던 생명의 온전함을 보전할 수 있고, 그렇게 될 때 현세에서 불법이 굳건해진다는 것이었다.

에이사이는 선인仙人이 되는 두 가지 방법으로 고행과 선약仙藥이 있다고 했다. 고행의 길은 일반적으로 실행하기 힘들었다. 반면 선약을 먹는 것은 그 약을 구하는 방법이 어렵지 않다면 실현하기 불가능 일이 아니었다. 에이사이는 가장 효과적인 선약을 차와 뽕나무 가지라고 했다. 이를 복용함으로써 도달할 수 있는 선인의 단계란 대중에게도 어려울 것이 없었다. 또 당시 차와 뽕나무가 구하기 어려운 것도 아니었으니 차의 실용화는 수월하게 진행될 수 있었던 것이다. 이로써 차는 약용에서 시작해 기호음료로, 동시에 일상생활 속 문화의 한 방식으로 자리 잡게 된다. 서민에게 차가 보급되기까지는 여전히 시간이 더 필요했지만, 이 정도만으로도 에이사이가 일본 차 문화 보급의 선구자로 불리는 데는 이의가 없다.

투차 또는 바사라차

가마쿠라시대에 이르면 일본 여러 지역에서 차 재배가 시작된다. 더불어 송 대의 점차법이 전해지면서 차 음용이 당시 지배 계층인 무사 사회에 보급됐다. 차의 일본 내 재배로 이제 수입에 의존하지 않는 차 공급이 확립되어갔다. 국내산 차 공급이 이루어지면서 차 음용도 무사의 생활 속으로 스며들기 시작했다. 이에 일본 무사 사회라는 환경에 적응한 특유의 차 문화가 형성되는 기반이 만들어졌다.

신흥 무사의 다회는 떠들썩하고 요란스러운 모임이었다. 그들의 차 놀이를 투차 또는 바사라차라고 했다. 바사라는 범어의 음을 딴 것으로 본래는 '금강金剛'이라는 의미지만 '화려하고 돋보인다'는 뜻으로 전의됐고, 다시 '요란스러움과 분수에 넘치는 사치'를 의미하게 됐다. 따라서 바사라차라고 하면 무사가 즐기던 화려하고 사치스러우며 떠들썩하게 진행되는 투차를 일컬었다.

일본의 투차는 중국의 투차와는 전혀 다른 분위기에서 진행됐다. 중국의 투차가 다원의 차 품질 경쟁에서 시작하여 차를 만드는 과정과 맛을 겨루는 문인의 고상한 취미이자 놀이였다고 한다면, 일본의 투차는 마치 경품잔치와 같은 다소 경박스러운 분위기를 띤 무사의 놀이였다. 이때 투차는 혼차本茶라고 불리는 도가노오차와 다른 지역의 차를 구별하는 감별 방식으로 진행됐다.

도가노오차가 혼차로 불린 것은 그 시원과 함께 당시 품질이 가장 좋다는 평을 받았기 때문이다. 도가노오차는 1202년 에이사이가 건인사建仁寺를 세우러 교토에 갔을 때 차 종자 다섯 알을 고산사高山寺의 승려 묘에明惠에게 준 것을 그 출발점으로 삼는다. 묘에는 에이사이에게서 받은 차 종자로 도가노오에서 차 재배를 시작했다고 한다. 점차 도가노오차가 명성을 얻자 이것을 혼차라 하고, 다른 지역의 차는 모두 히차非茶라고 했다.

상류 무가 사회에 차가 보급되면서 유행한 그들의 새로운 오락인 투차는 고가의 경품이 걸린 화려하고도 요란한 놀이였다. 이 놀이는 차만 마시면서 진행된 것이 아니라, 주연을 즐기고 나서 투차가 이어지는 형식이었다. 즉 진수성찬과 주연이 베풀어지고 난 후 중국에서 건너온 진귀한 기물을 경품으로 진열해 놓고 차 겨루기를 했다.

가장 간단한 투차는 네 종류의 차를 열 번으로 나누어 마시는 4종 10복四種十服 방식으로 차 맛을 알아맞히고 혼차와 히자를 가려내는 것이었다. 나아가 차 종류를 20, 30, 50, 100종으로 늘려가며 여러 종류의 차를 대량으로 마시면서 승부를 겨루기도 했다. 연회 후반에 진행되는 일종의 뒤풀이 같은 것이었다.

당시 무인의 유흥에서 겨루기의 형식을 가진 놀이는 여러 가지가 있었는데, 그중 투차가 가장 인기 있었다. 어마어마하게 차린 진수성찬, 계속되는 주연, 화려하게 치장된 모임 장소, 고가의 경품 등 시간이 갈수록 투차는 호사의 극치를 보여주었다. 이 같은 상황에 이른 투차를 '바사라차'라고 한다. 이제 바사라는 멋대로 행동한다든가 분수에 넘치는 사치를 한다는 의미로도 통하게 됐다. 이렇게 투차가 지나친 사치 풍조로 흐르게 되자 막부는 금지령을 내렸고, 투차는 미풍양속을 해치는 사회현상으로 인식되기에 이르렀다.

무로마치 막부가 수립된 후 발표된 법령을 살펴보면, 당시 화려한 복장과 장신구 등 사치 풍조를 일소하고 검약한 생활을 해야 한다는 것이 첫 번째 내용이었다. 두 번째가 투차 등에 막대한 금품의 경품이나 도박을 금지한다는 것이었다. 이렇게 법령으로 규제하려고까지 한 것을 보면 당시 차 모임이 얼마나 요란하고 떠들썩했으며, 무사 사회의 사치가 얼마나 지나쳤는지를 알 수 있다.

차 한 잔에 동전 한 닢

차는 점차 사원에서 무사 사회로, 나아가 서민에게도 보급됐다. 서민층으로 차가 보급되는 것은 무로마치시대(1396~1573) 이후다. 그전까지는 서민이 차를 마신 기록을 찾아보기 어렵다. 13세기가 다 지나도록 여전히 서민에게 차는 가까운 대상이 아니었다. 그런 사실을 말해주는 대표적인 일화가 무주無住의 《사석집沙石集》(1283)[1]에 남아 있다.

어느 날 소를 치는 목동이 승려가 자리를 펴고 앉은 곳을 지나가다가 승려가 무언가 마시는 것이 궁금하여 물었다.

"스님이 드시는 것은 무엇입니까?"

승려는 그것이 차라고 알려주면서 차를 마시면 좋은 점에 대해 다음과 같이 자세히 설명했다.

"차는 세 가지 공덕을 가지고 있습니다. 첫째는 졸음을 깨워줍니다. 두 번째 공덕은 소화를 도와주는 것이고, 세 번째 공덕은 일어서지 않게 해주는 것이지요."

승려의 친절한 설명을 들은 목동은 오히려 무관심하게 돌아서며 중얼거렸다.

"낮에 일하고 나서 밤에 잘 수 있다는 것이 내가 사는 낙의 하나인데, 잠을 잘 수 없다면 곤란하지. 먹는 것도 적은데 소화가 잘된다면 나는 견디기 힘들어. 게다가 마누라 곁에 갈 수 없게 된다면 그건 정말 끔찍한 일이야."

물론 이 이야기를 전부 사실로 받아들이기는 어렵다. 하지만 서민이 일상의 음료로 차를 마시기에는 매력적이지 않았다는 사실은 확인할 수 있다. 가마쿠라시대까지 서민의 차 음용은 여전히 약용적인 범위 내에 있었다.

그런데 무로마치 초기인 1403년에 이르면 누구나 거리를 걷

한 잔에 한 푼하는 찻집

다가 동전 한 닢만 내면 차 한 잔을 마실 수 있는 곳이 생겨났
다. 바로 동사東寺의 남대문 앞에 있었다는 '한 잔에 한 푼一服一
錢' 하는 찻집이 그것이다.[2]

　사원 앞의 길은 단지 사원의 출입로일 뿐만 아니라 번화가였
다. 사람들은 거리 구경을 하거나 볼일을 보기 위해 이곳으로
모여들었다. 이 거리를 오가는 사람을 대상으로 차를 파는 찻집
이나 차 행상이 있었다는 것은 일상생활 깊숙이 차가 들어와 있
었음을 말해준다. 1443년 조선통신사의 서장관으로 일본을 방
문했던 신숙주가 《해동제국기》에 남긴 일본 거리의 풍경도 같
은 모습이었다. 신숙주의 눈에도 거리를 오가며 동전 한 닢으로

차 한 잔을 사서 마시는 일본 사람과 상거래가 활발한 거리 모습이 인상에 남았던 것 같다. 이처럼 15세기에 이르면 일본인은 계층을 불문하고 일반적으로 차 마시기를 좋아했고, 거리에서 차를 사서 마시는 것도 평범한 일상의 모습이었다.

당시의 회화 작품에서도 이러한 거리의 모습을 확인해볼 수 있다. 〈기원사 대정소회권祇園社大政所繪卷〉[3]이라는 두 폭짜리 병풍 그림에는 교토京都에 있는 기원사의 옛 모습과 함께 기원사 앞 거리 풍경이 담겨 있다. 그림에는 기원사 입구를 중심으로 신사神社의 담을 따라 한 칸씩 자리한 지붕만 겨우 얹은 형태의 상점이 보인다. 그곳에서 커다란 솥을 놓고 음료를 팔고 있다. 병풍의 왼쪽 날개 그림에 보이는 작은 출입구 오른쪽에 세 사람이 앉아 있는 가게의 모습은 그곳에서 차를 팔고 있음을 확실하게 드러낸다. 중앙에 앉은 주인인 듯한 사람이 차 사발을 들고 다선으로 젓는 모습이 정확하게 묘사되어 있다. 왼손으로 차 사발을 받쳐 들고 오른손으로 다선을 잡은 모습은 현재 일본 다도에서 말차를 저어 마실 때의 동작과 같고, 물론 다선의 형태도 동일하다.

기원사 앞 거리 풍경은 당시 서민의 생활을 정확하게 보여준다. 이제 차는 서민에게도 일상에서 자주 찾는 음료가 됐음을 알 수 있다. 약용 음료에서 시작해 일상의 음료로 발전한 것이다.

기원사 대정소회권 부분

차를 파는 행상의 모습도 무로마치시대 회화에 나타나기 시
작했다. 16세기 화가인 가노 히데요리狩野秀賴가 그린 〈다카오
관풍도高雄觀楓圖〉[4]는 여섯 폭짜리 병풍 그림이다. 교토 주민이
다카오산의 아름다운 단풍을 즐기는 모습이 묘사된, 붉은색이
화려한 작품이다. 중앙에 배치된 호수를 중심으로 그 주변에 단
풍이 화려하게 묘사돼 있고, 이를 즐기러 나온 유락객이 그려져
있다. 그리고 오른쪽 호숫가에 차를 파는 행상이 보인다. 이 상
인은 기다란 나무 봉을 들고 있는데, 봉 한쪽엔 풍로가, 다른 한

다카오 관풍도

다카오 관풍도 부분

쪽엔 다구를 담은 광주리가 매달려 있다.

　사람이 많이 모이는 거리에 동전 한 닢으로 차를 사서 마실 수 있는 찻집이 있고, 차를 마시고 싶어 하는 사람을 찾아다니며 차를 파는 행상까지 있었다는 것은 차 마시는 일이 더 이상 상층 귀족이나 무사만의 전유물이 아니었다는 의미다.

　그렇다면 바로 이전 시대까지 차를 마시면 잠도 못 자고 배가 고파서 고생스럽다는 차에 대한 서민의 인식은 어떻게 사라진 것일까? 인식의 변화에는 다양한 요인이 작용했을 것이다. 그중 무엇보다도 중요한 요인은 차 공급에서 찾을 수 있다. 차 재배와 생산이 확대되면서 고급 차뿐만 아니라 서민이 즐길 수 있는 저렴한 차도 공급되기 시작한 것이다. 상대적으로 조악하고 품질은 떨어지지만 서민도 이미 약용으로 차를 마셔왔기 때문에 저가 차의 공급은 서민층이 점차 차 마시는 빈도를 높여 나가는 데 일조했다. 게다가 당시 일본인은 말차를 주로 마셨는데, 이 역시 서민층에 차가 보급되는 데 유리하게 작용했다. 지금처럼 찻잎을 우려 찻물만 마셨다면 공복감은 더욱 참기 어려웠을 것이다. 그러나 말차는 찻잎의 여러 성분도 같이 취할 수 있고 상대적으로 조금이나마 포만감도 느낄 수 있었다.

　무엇보다도 상층 문화에 대한 동경은 모든 문화의 보급 확산에 빠른 통로가 됐다. 차가 서민층에 보급되는 데도 이러한 기본 통로가 작용했다. 상층의 귀족과 무사가 비싼 기물과 화려한 물품으로 공간을 장식하면서 고급의 도가노오차를 가지고 차 겨루기를 즐겼다면, 서민은 저렴한 운각차雲脚茶로 구름발 차 모임雲脚茶會을 즐겼다. 하인은 하인대로 부엌에 모여 다회를 가졌고, 서민은 서민대로 서민적 장소에서 차 모임을 즐겼다.

　운각차는 조악한 저가품이었다. 무로마치시대에는 운각이라는 의미 자체가 품질이 낮은 차의 명칭이었다. 차 거품이 꺼지는 것이 마치 뜬구름이 빠르게 지나가는 것 같다는 뜻에서 붙여

진 이름이었다. 말차를 마시는 시대에 좋은 차란 차 거품이 밀
도 있게 오래 지속되는 것이었기 때문이다. 가격이 저렴한 차가
보급되면서 이제 서민도 거리에서 차를 사서 마시기도 하고 차
모임을 갖는 등 차는 서서히 서민의 일상생활에 익숙한 음료가
되어갔다.

청규의 전래와 일본차

'청규'란 무엇인가?

일본의 차 문화를 생각하면 가장 먼저 의례적인 차 마시기가 연상된다. 차노유라고 하는 말차 마시는 예법, 즉 다도는 일본의 대표적인 전통 문화의 하나다. 예를 갖추어야 하는 공식적인 자리에서 차를 마실 때뿐 아니라 일상에서 차를 마실 때도 의례가 스며들어 있는 것이 일본 다도의 특징이라고 할 수 있다. 일본의 차 문화가 이러한 특징을 갖게 된 것은 차라는 물질과 함께 비물질적인 내용도 더불어 도입됐기 때문이다. 비물질적인 내용의 중요한 부분을 담당했던 것이 불교 종파의 하나인 선종禪宗이고, 특히 선종의 '청규淸規'라는 규범서의 도입은 일본 차 문화의 형성과 발전 과정에 커다란 영향을 미쳤다.

당시 선종은 동아시아의 문화를 주도하고 있었다. 일본에 차가 전래된 것도 선승의 활동을 통해서였다. 선승은 중국으로 구법 활동을 떠났다가 귀국할 때 차 종자를 가져오기도 하고 차를 통한 질병 치료에 정보를 제공하기도 했다. 그리고 이들 승려의 차 생활은 민간의 차 문화 형성에 규범적인 사례가 됐다. 그 규범의 상징성을 담은 것이 청규라는 선종의 생활규범서였다.

최초의 청규는 중국에서 백장회해百丈懷海에 의해 성립된 《백장청규百丈淸規》인데, 이것은 《고청규古淸規》라고도 한다. 중국에서는 《백장청규》를 계기로 사원마다 그 나름의 청규를 제정하고 보유하기 시작했다. 그러나 《백장청규》가 900년대를 거치면서 산실되어 전해지지 않으면서 이후 각 사원의 청규는 편의대로 변형되기 시작해 통일성이 부족해졌다. 이러한 상황이 10세기 이후 그대로 이어졌다.

당시의 이러한 상황을 개탄하던 자각종색慈覺宗賾선사는 선문 계율을 온전하게 복원하려는 노력을 기울였다. 그는 각처의 장로와 논의하고 각 선원에 산재된 청규 자료를 모아 찬술하여 1103년 《선원청규禪苑淸規》를 완성했다. 《선원청규》는 현존하는 가장 오래된 청규일 뿐만 아니라, 여러 차례 재각되면서 지역적으로 제한되지 않고 국내외로 널리 유포된 영향력이 높은 청규였다.

《선원청규》는 모두 10권으로 구성된다. 1권은 선원에서 수행자가 행해야 하는 기본 생활과 관련된 내용이다. 승려가 준수해야 하는 계율, 승려가 소지해야 할 물품과 그 보관 및 포장법, 복장에 대한 내용, 사원에 들어와 상주 혹은 임시로 묵기 위해 거쳐야 할 절차, 식사와 차 마시는 자리에 임하는 법 등을 설명한다. 2권은 총림에서 행하는 여러 행사와 그 의례에 관한 내용이다. 3권은 사지사四知事에 관련된 것으로, 지사의 임명과 각 지사의 직무 그리고 지사의 임기 만료에 따른 교체에 대한 내용이다. 4권은 두수頭首와 여러 소두수小頭首에 관련된 것으로, 사원 내외에서 진행되는 각종 직무에 관한 내용이다. 5권은 각종 다례 의식에 관한 내용이다. 주지가 주관하는 다례 의식에서 자사와 두수가 주관하는 다례, 장소나 대상에 따른 다례 등 다양한 다례 의식을 설명한다. 6권은 각종 법사法事와 출입, 경계, 서신 업무에서 장례에 이르기까지 사원에서 진행되는 다양한 사안에 대한 내용이다. 7권은 주지의 임명에서 장례, 퇴원退院에 이르는 각종 사안에 대한 내용이다. 8권은 총림의 구성원이 지켜야 할 의무와 봉사를 각각의 직위에 따라 서술한다. 9권은 사미沙彌의 수계와 경계에 대한 내용 그리고 동행童行에게 주는 훈계의 내용이다. 10권에는《백장청규》를 요약한 내용이 실려 있다.

이렇게 《선원청규》는 제목 그대로 선승이 거처하는 곳에서 지켜야 할 모든 것을 규정해놓은 것이었다. 선종 사찰에서는 육체노동도 수행의 한 방법으로 여겨 농선병행農禪竝行이 이루어졌다. 따라서 청규에도 내부 인력의 조직적 운영과 관련된 내용이 구체적으로 규정되어 있다. 다양한 직책이 조직적으로 구성되므로 선원 생활 의례가 강조되는 특징을 보인다. 차와 관련한 많은 의례도 기재되어 있다.

또 육체노동과 수행의 병행을 원칙으로 했으므로 선승은 차를 생산하고 만들고 판매하는 일에 자연스레 관여하게 됐다. 선종이 이러한 특징을 가지고 있었으므로 선승의 활동에 따라 차와 그 문화가 함께 활발하게 보급되고 발전했던 것은 당연했다.

《선원청규》는 중국에 국한되지 않고 한국과 일본으로도 전해졌다. 고려는 1111년 송에서 새간행된 책을 원본으로 하여 1254년 다시 간행했다. 이를 《고려판 선원청규》라고 하는데, 현재까지 보존되어 전해진다. 일본에서는 가마쿠라시대의 유학승에 의해 《선원청규》가 일본 내로 유입됐다.

도겐과 《영평청규》

13세기에 중국에 간 선종 계열 일본 유학승은 대개 《선원청규》를 언급했다. 이들 유학승은 귀국할 때 이 책을 가져오기도 했다. 《선원청규》는 현재 두 계열의 판본 6종이 남아 있는데, 이 6종이 모두 일본에 있다는 사실은 여러 경로로 《선원청규》가 일본으로 유입됐음을 의미한다. 또 그런 만큼 널리 유포됐다고도 이해할 수 있다. 특히 적극적으로 청규를 소개하고 일본에 청규를 정착시킨 사람은 바로 도겐道元이다.

도겐은 어려서 출가하여 1213년 14세에 수계하고 히에이산比叡山에서 천태학 연구에 전념했다. 히에이산은 일본 귀족 불교의 사상적 거점이었으나 당시의 타락상은 심각한 수준이었다. 각기 승병을 보유하여 충돌이 빈번했고, 천태좌주天台座主의 지위를 둘러싸고 금품 수수 등의 부패가 만연했다. 또 처첩을 거느린 승려가 상층부를 장악했으므로 구도의 수행 환경도 좋지 않았다.

한편 당시는 에이사이가 대륙에서 유입된 새로운 종파인 임제종臨濟宗을 전하고 있었다. 새로운 것에 관심이 높았던 도겐은 히에이산을 내려와 건인사建仁寺의 에이사이를 방문했다. 이를 계기로 도겐은 에이사이의 제자인 묘젠明全 문하에서 수학하게 됐고, 1223년 묘젠과 함께 중국으로 구법의 길을 떠났다. 그 후 1228년 중국에서 입적한 스승 묘젠의 유해를 가지고 귀국했다.

귀국한 도겐은 《선원청규》를 그대로 일본에 적용하기란 다소 맞지 않는 부분이 있다고 생각하게 됐다. 결국 그는 일본 선원의 특수성을 반영한 《영평청규永平淸規》를 만들었다. 《영평청규》는 총 6편으로 구성된다. 도겐은 1237년부터 1249년까지 13년에 걸쳐 《선원청규》를 단순히 답습한 것이 아니라 일본화한 청규로 재탄생시켰다.

　13세기 한국과 일본에 모두 《선원청규》가 전해졌지만, 양국의 환경에는 커다란 차이가 있었다. 고려는 몽골군의 침입에 맞서 40년에 걸친 항쟁의 시기를 겪고 있었던 반면, 일본은 섬이라는 이점을 안고 몽골의 침략에 크게 흔들리지 않았다. 이러한 환경 차이는 청규를 받아들이는 태도에 영향을 미쳤다. 고려에서는 몽골의 침략에 대항해 소실된 〈팔만대장경〉을 조성했듯이 청규의 복각도 국난 극복을 위한 행위였던 것으로 보인다. 몽골의 침략이라는 현실 문제를 해결하기 위한 기원을 담은 행위였다. 선종 계율의 실천이 우선적으로 부각될 수 있는 여건이 아니었다.

　반면 일본으로 전래된 청규는 선원에서 실천되면서 재차 일본식 청규로 거듭나는 과정을 거쳤다. 본래 청규의 제정 목적은 선종의 발전을 위해 청정대중인 승려의 종교 생활을 확립하고 통제하기 위한 것이었다. 따라서 청규는 종교 생활 곳곳에서 해탈 방법을 제공했다. 즉 일상에서도 노동, 예를 들어 승려의 식사를 조리하는 일과 같은 일상의 노동에 대해서도 최고의 가치를 지닌 종교 수행의 한 방법으로 인지하고 의미를 부여했다.

청규를 통해 규정된 각종 직분에 따른 일과 행위는 득도 수행에 필수적인 것이 됐다.

선원 생활에서 의미 없는 행위란 없는 것이고 모든 것이 수행의 일부였다. 《영평청규》에 따르면 세면장에 갈 때조차 수건을 왼쪽 팔에 반으로 접어 걸치고 양손을 소매 안에 넣어 마주 잡고 걸어가야 했다. 어느 방향 통로를 사용했느냐에 따라 어느 쪽 발을 먼저 내딛고 나오는지도 정해져 있었다. 씻을 때 수건으로 옷깃과 양 소매를 걷어 올리는 방식도 규정에 맞게 해야 했다. 양치할 때의 시간과 혀를 닦는 횟수까지 정해져 있었다. 이와 같이 일본의 선원에서는 종교적 목표를 달성하기 위해 세세한 행위까지 하나하나 규정했다. 이러한 종교 생활의 세세한 규정은 일본 다도의 규정과 매우 흡사하다. 차를 마실 때도 동작 하나하나에 당위성을 부여하고 그것을 반드시 지켜야 할 방식으로 규정지은 것은 청규의 실천이라는 선원의 방식을 차용한 것이라고 볼 수 있다.

청규와 차

선원 생활과 차는 밀접한 관련성을 가지고 있다. 수행과 일상 모두에서 차는 꼭 필요한 물품이었다. 선원에서는 빈번하게 다

례가 시행됐다. 수행승 모두가 승당에 한꺼번에 모여 다례를 행하는 대규모 의식도 있었고, 작게는 승방에서 차를 마시는 것까지 다양한 규모와 여러 장소에서 다례가 시행됐다. 청규를 통해 선원에서의 다례는 매우 체계적으로 규정됐다.

중국에서는 청규와 《다경》을 통해 선원과 민간에서 각기 차 의례가 확립됐는데, 일본에서는 청규의 영향을 좀 더 받아 민간의 차 의례가 완성되는 모습을 보인다.

불교의 선禪 문화는 일본이라는 지역적인 공간에 다방면의 변화를 일으켰다. 민간의 주거 공간에도 많은 변화가 있었다. 건축에 쇼인즈쿠리 양식이 적용되면서 종교적 공간의 양식이 민간으로 이입됐다. 이전에는 침전寢殿이라는 무가武家의 주거 공간이 동시에 의례적인 공간으로도 사용됐던 것에 비해, 쇼인즈쿠리 양식 건물에서는 접객 공간이 독립되어 중심적 위치를 차지했다. 이것은 화합을 목적으로 다양한 문예 관련(차, 노래, 악기 등) 행사를 주최했던 막부의 현실적 필요와도 일치하는 것이었다. 모임 장소인 가이쇼會所에는 서원 양식이 도입되어 도코床, 다나棚, 쓰케쇼인 같은 서원 장식으로 치장됐다.

차 문화는 청규를 통해 더욱 고도의 영향을 받았다. 바사라차라는 놀이로서의 차 모임에서 격식을 갖춘 엄격한 의례로 이어지는 차 모임으로 변화했다. 〈오백나한도〉[5]에 보이는 것처럼 삼삼오오 승려가 모여 자연을 벗하며 고적하게 차를 마시는 분위기를 닮아갔다.

세속적인 일상생활에서 선의 종교적 수행이라는 요소는 사라지고, 대신 차 모임은 선 문화의 감상과 예술화 방향으로 발전했다. 지배 계층으로서 무사와 공가公家, 새로운 부를 창출한 조닌(상인) 그리고 종교계를 지배한 선승이 결합되면서 일본 중세 특유의 문화를 만들어갔다. 윤택해진 생활에 선원의 의례가 격조를 더하면서 일본의 특징적인 풍토를 형성해갔다.

동작 하나하나를 규정해 선원 생활을 이끌었던 청규처럼 다실에서 이루어지는 모든 행위가 의미 있는 것으로 여겨지는 특별한 공간에서의 차 모임이 생겨났다. 자연 친화적인 분위기는 정원을 사이에 두고 세워진 작은 초가로 완성됐고, 그 정원을 지나면 현실과 다른 세계로 진입한 것이 되어 자연에 동화되어 예술을 감상하는 다도가 이루어졌다.

금각과 은각

무로마치시대는 드디어 일본의 다도가 모습을 드러내기 시작한 때였다. 그러한 변화의 분위기를 상징적으로 이해할 수 있는 건축물도 이 시대에 지어졌다. 무로마치시대의 문화는 기타야마北山 문화와 히가시야마東山 문화로 구분할 수 있는데, 이는 금각金閣과 은각銀閣으로 상징된다. 지금도 녹원사鹿苑寺에 가면 금박을 입힌 3층 누각인 사리전의 금색 찬란한 모습을 볼 수 있다. 녹원사보다 금각사金閣寺로 더 잘 알려졌듯이 금각은 무사 사회의 화려하고 사치스러운 문화의 일면을 대변한다.

역시 은각사銀閣寺로 더 잘 알려진 동산자조사東山慈照寺에 가면 은각을 볼 수 있다. 금각이 금빛 찬란하다면 은각은 은빛 찬란해야 하는데, 실은 그렇지 않다. 본래 은각이라는 명칭은 은으로 도색할 계획이었기 때문에 붙여진 것이다. 무로마치 막부의 8대 쇼군인 아시카가 요시마사足利義政는 자신의 할아버지인 3대 쇼군 아시카가 요시미쓰足利義滿가 세운 금각과 같이 화려한 건축물을 지으려고 했다. 그러나 건물 전체를 도색할 만큼의 은을 구하기 쉽지 않았고, 게다가 오닌應仁의 난으로 물자 조달이 어려워져 은을 입히는 계획은 연기됐다. 결국 은각은 은으로 도색되지 못한 채 옻칠만으로 마감되어 검은색의 소박하게 보이는 건축물로 남게 됐다.

그런데 옻칠만 한 채 검은색으로 남은 은각의 모습은 이후 서원차에서 초암차로 발전하는 차 문화 산실의 기능을 한 히가시야마 문화의 이미지와 잘 어울린다. 의도한 것은 아니지만 차 문화를 이해하는 데는 옻칠만 한 채 남은 은각의 이미지가 오히려 의미 있게 느껴진다.

금각으로 상징되는 기타야마시대의 차 모임은 점차 투차의 오락적인 요소를 멀리하기 시작했다. 선원의 문화가 상층 무가 사회로 스며들면서 향락적이고 요란스러운 놀이 형식이 배제되고, 대신 의례를 통한 품격을 갖추는 단계로 나아갔다. 이들은 차와 노래, 악기 등의 놀이를 즐기기 위한 공간으로 가이쇼를 저택에 설치하고 이 공간을 당시 가라모노라고 불렀던 중국

금각사
은각사

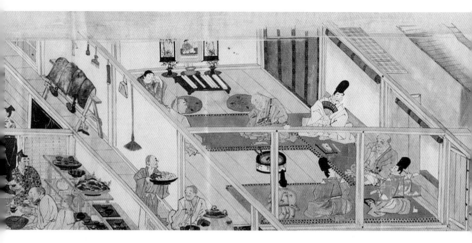

와가회

에서 수입한 그림과 묵적, 공예품 등으로 화려하게 장식하곤 했
다. 이곳에서 떠들썩하게 놀던 분위기에서 장엄한 선원의 분위
기를 연출하기 시작하면서 가이쇼라는 실내 공간은 예술품을
감상하고 미적 안목을 높이는 재력과 교양을 과시하는 장으로
탈바꿈했다. 무가의 가이쇼는 차를 마시는 전용 공간은 아니었
다. 차 모임이 이곳에서 열리기는 했지만, 여전히 주연이 제공
되는 연회장이었으며 사루가쿠노猿樂能(가면악극), 마쓰하야시松
拍子(정월에 시행되는 예능), 와가회和歌會나 렌가회連歌會 라고 불린
노래 모임 등의 행사가 진행되는 공간이었다.

무가의 가이쇼가 선원 양식으로 변화하는 모습은 14세기의 회화를 통해서도 살펴볼 수 있다. 교토 본원사本願寺의 3대 주지이며 실질적인 개조라고 할 수 있는 가쿠뇨覺如의 생애를 묘사한 그림인 〈모귀회慕歸繪〉에서는 중세 선원 문화의 영향을 받은 무가의 생활공간을 엿볼 수 있다. 〈모귀회〉 5권 3단의 그림인 〈와가회〉[6]는 무가의 가이쇼에서 노래 모임이 진행되는 장면을 묘사한 것이다. 아직 주연이 차려지진 않았지만 가이쇼의 옆 공간에서는 주연을 위한 음식 준비가 한창이다. 실내 공간은 위쪽 벽이 서원 양식인 도코노마로 장식됐고, 바닥에는 자시키라는 다다미 자리가 일부 설치됐음을 볼 수 있다. 이 그림은 의례와 다구, 자시키라는 다도 형성의 3대 조건이 가이쇼라는 무가의 연회 장소에도 일부 나타났음을 보여준다.

서원차와 다다미 네 장 반

히가시야마시대는 서원차 문화가 확립된 시기였다. 15세기에 들어와 불교의 건축 양식인 서원식이 결합되면서 가이쇼의 서원화가 빠르게 진행됐다. 도코노마와 같은 서원식 장식과 다다미방의 출현은 새로운 스타일의 차노유를 탄생시켰다. 가라모노를 중심으로 한 중국 문화에 선종 선원의 서원식 장식이 도입되고 다다미를 깐 공간으로 바뀌면서 일본 특유의 분위기가 조성되기 시작했다. 특히 다다미의 등장은 입식 다례를 좌식 다례로 변화시켰다.

서원차란 원래 승려가 서원에서 마시는 차로, 서원은 승려의 공부방 기능을 하는 서재였다. 이것이 무사의 생활공간 속 한 양식으로 차용되면서 서원 양식이라는 새로운 건축 양식이 탄생했다. 서원 양식이란 넓은 건물 내부를 장지문과 미닫이로 칸막이하여 여러 방을 만들고 다다미를 깐 주택 양식을 말한다. 가이쇼에 서원식이 도입되면서 일부 바닥에 다다미를 깔고 서원 장식인 도코노마와 쓰케쇼인, 지가이다나 등이 설치되기 시작했다.

도코노마는 바닥에 두꺼운 널판으로 된 오시이타押板를 설치하고 3면을 벽으로 둘러 깊이를 만든 공간으로 여기에 그림을 걸었다. 쓰케쇼인은 승려의 서재 안에 데마토出窓, 즉 내닫이창을 설치하고 그로 인해 생긴 턱을 책상처럼 독서와 집필을 위한 공간으로 사용한 데후스구에出文机에서 기인했다. 지가이다나는 좌우의 선반이 엇갈린 모양을 한 장식 공간이었다.

본래 이 서원식 시설은 실용적이고 기능적인 것이었다. 무로마치시대에 들어와 이런 시설이 무사의 생활공간으로 옮겨오면서 장식 공간으로 변화했다. 이로써 가라모노의 진열은 간결하고 장엄하며 격조를 갖추게 됐다. 더 이상 호화스러운 물품을 진열하고 떠들썩하고 요란하게 진행되는 바사라차는 없었다. 이제는 예술품을 감상하고 미의 세계를 탐구하는 차 모임이 진행됐다. 덴모쿠 다완天目茶碗을 감상하거나 중국의 유명한 수묵화를 감상하며 안목을 키우는 자리가 됐다. 따라서 여전히 주연이 제공되기는 했지만, 이전에 투차와 함께 벌어졌던 멋대로 놀고 마시는 주연과는 다른 양상이었다.

또한 다이스臺子의 사용으로 차를 만드는 곳과 마시는 곳이 동일 공간에서 이루어지기 시작했다. 다이스는 풍로와 솥 등의 다구를 차려놓는 이동식 선반과 같은 도구였다. 가이쇼나 서원에는 풍로가 설치되어 있지 않았으므로 서원차 문화 초기에는 차를 타는 곳과 차를 마시는 곳이 별도의 공간에서 이루어졌다. 이동이 가능한 다이스의 사용으로 같은 공간에서 차를 타고 마실 수 있게 됐다.

가이쇼와 같은 넓은 공간에서 진행되던 서원차 모임은 여전히 귀족적이었다. 귀족과 무사가 즐기던 귀족적인 서원차 모임을 소박하고 간소하게 만들어 내적 요소를 강화한 사람이 무라다 슈코村田珠光다. 그로부터 다다미 네 장 반의 공간으로 이루어진 서원차 문화가 시작됐다.

다다미 네 장 반 서원의 전형적인 모습은 은각이 있는 자조사 동구당에서 찾을 수 있다. 본래 자조사는 무로마치 막부의 8대

쇼군인 아시카가 요시마사가 은퇴한 후 저택으로 조성한 곳이다. 이곳에는 중심 건물인 관음전으로 지은 은각 외에도 여러 건물이 있는데, 그 가운데 동구당은 세 칸 반 규모를 가진 사각집으로 연못가에 있으며, 내부에 다다미 네 장 반을 깐 서재인 동인재가 있다. 동인재는 작은 서재 공간으로 조성된 접대와 사교의 공간이었다.

동인재에는 지가이다나와 나란히 쓰케쇼인이 장식 공간으로 자리 잡고 있다. 넓은 가이쇼에서 이루어지던 연회에 비해 규모가 소형화되고 장식물 설치도 간소화되면서 이젠 더 이상 사치스러운 음주가무의 사교성과 유희성 짙은 모임은 존재하지 않게 됐다. 또 다다미를 깐 좌식 공간을 통해 주객과 상하의 차별이 없는 공평한 공간으로 자리 잡았다. 이러한 면에서 다다미 네 장 반의 서원차 문화는 초암차 문화에 한발 더 다가갔다고 볼 수 있었다.

사카이와 초암차

사카이堺는 초암차의 본고장이다. 오사카부 서부에 위치한 항구도시 사카이는 무로마치시대에 중국(명) 및 유럽(주로 포르투갈과 에스파냐)과의 무역으로 크게 번영했다. 사카이 상인의 활동으

동구당
동인재

로 축적된 부는 일본 다도가 형성되는 데 지대한 영향을 미쳤다. 또 사카이는 일본 다도의 집대성자인 센노리큐의 고향이기도 하다.

일본 중세에 독보적인 무역항 기능을 한 사카이는 경제적 부를 토대로 조닌 계층의 독특한 문화를 형성했다. 여기서 '시중산거'라고 하는 작은 차노유 가옥이 만들어졌다. 차노유는 단지 차를 끓는 물로 만들어 마시는 것에 그치지 않고 엄격한 격식과 예법을 요구했다. 엄격한 격식과 예법이라는 형식을 갖추었다는 것은 그것이 함유하는 의미가 있었다는 말이다. 그것이 바로 차노유의 정신이라고 할 수 있는데, 즉 '와비わび'라고 했다. 와비는 '조용하게 살다', '쓸쓸하다고 생각하다', '한적한 정취에 잠기다' 등의 뜻을 가진 와부わぶ, 侘ぶ라는 고어에서 나온 말이다. 사카이에서 이 말은 단지 관념적 단계에 머물지 않고 현실적으로 구현됐다. 그것이 바로 차노유의 가옥인 초암이다. 결국 일본의 차 문화를 말할 때 '차노유', '다도', '와비차'는 하나의 단어로 이해해도 크게 무리가 없다. 와비차가 주로 시현된 장소는 작은 가옥인 초암이었다. 따라서 이를 또한 초암차라고도 한다.

초암에 대한 기록은 포르투갈의 예수회 신부인 호아오 로드리게스Joao Rodrigues가 1620년에 쓴 《일본 교회사》에 남아 있다. 이 책을 보면 사카이의 차 문화가 얼마나 발전했는지 잘 알 수 있다. 사카이의 호상은 많은 다구를 소유했고, 작은 차 공간을 별도로 조성했다. 연못을 낀 넓은 인공 정원은 현실적으로나 공간적으로 불가능했으므로 이들은 대신 작은 초암 주변에 나무를 심어 도심 속에 색다른 분위기를 만들어냈다. 디딤돌을 깐 작은 정원인 로지露地는 마치 깊은 산속의 오두막으로 들어가는 듯한 느낌이 들게 조성했다. 이를 통해 이전의 화려하고 규모가 컸던 서원차와는 다른 그들 나름의 개성이 표현됐다.

일본 중세 초기의 무가 사회는 귀족 문화에 필적할 만한 독자적인 문화를 형성하지 못했기 때문에 귀족 문화의 영향력은 지속됐다. 그런데 칼이 난무하는 현실에서 화려한 귀족 문화의 현혹은 한계가 있었다. 무가 사회에 걸맞은 문화의 필요성이 요구됐다. 또 상업을 통해 축적된 부를 품격 있게 소비하고 자신들의 가치를 높일 대상이 필요하기도 했다. '빈한한 경지 속에서 깊은 정취를 맛본다'는 일본 중세 가인歌人의 생활 취미가 무가 사회의 무역항 사카이에서 차를 통해 현실적이고 구체적인 형태로 구현된 것이 초암이었다. 이러한 차노유는 부유한 상인과 무사의 호응을 얻으면서 번성했다.

이러한 접근은 당시 문화의 주류 경향을 이룬 선불교의 영향을 받은 것이었다. 무가 사회의 휴식과 안정감을 주는 형식은 자연으로의 회귀와 같이 현실을 이탈할 수 있는 구도적 접근을 통해 이루어졌다. 로지라는 공간을 지나면 나오는 작은 초가는 비현실적이지만, 그래서 오히려 실재하는 듯한 설득력을 가진다. '시중산거'라는 비현실적인 공간을 확보함으로써 오히려 현실보다도 더 현실인 것 같은 느낌을 주는 일본의 차 공간은 무가 사회가 생산한 결과물이었다.

결국 부를 추구하는 상인과 칼로 권력을 추구하는 무사, 무소유의 해탈을 추구하는 선승이라는 유사성을 찾을 수 없을 것 같은 세 계층의 지향이 결합되어 형성된 차 문화가 바로 와비차이며, 초암차라고 할 수 있다. 그들은 비현실적이고 인위적이며 빈한한 경지를 조성하고는, 그것이 바로 현실적이고 자연적인 것처럼 인식했다. 그리고 그 속에서 일체감과 혼일함을 추구하는 교묘한 설득력을 가진 차 문화를 탄생시킨 것이다.

'화경청적和敬淸寂'이라는 네 글자는 와비 정신을 대표하는 말이다. '화和'는 조화와 화합, 평화를 의미한다. 다실에 모인 사람이 서로 배려하고 존중하는 마음으로 차별 없이 그 시간과 공간을 채워가는 것이다. '경敬'은 공경과 겸허를 뜻한다. '청淸'은 맑고 깨끗함을 의미한다. 기물과 공간뿐 아니라 사람의 외면과 내면까지 모두 청정무구한 본연의 상태여야 한다는 것이다. '적寂'은 고요하고 적적한 속에서 만족스럽고 평온한 상태를 추구함을 의미한다. 초암이라는 독립적이고 작은 공간에서 '화경청적'의 와비 정신은 의례적이고 규정된 행위로 표현됐다.

센노리큐와 센케의 유파

센노리큐는 와비차 문화의 완성자로 불린다. 그는 다인으로서의 재능을 갖추고 당시 최고 권력자인 오다 노부나가織田信長와 도요토미 히데요시豊臣秀吉의 다두茶頭(손님에게 말차 대접하는 일을 관장하는 직)를 역임하면서 일본 다도를 확립했다.

센노리큐의 본명은 다나카 요시로田中與四郎다. 그는 국제무역항인 사카이의 호상 창고업자의 장남으로 태어났다. 어려서부터 차 공부를 한 요시로는 동향의 다인 기타무키 도친北向道陳과 다케노 조오武野紹鷗를 사사해 사카이에서 교토를 중심으로 한 근기 지역에 이르기까지 와비차의 다인으로서 명성을 얻었다.

이때 그는 센노소에키千宗易라는 다명茶名으로 활동했다. 소에키라는 이름은 19세가 되던 해 다케노 조오에게 입문할 때 당시 관행에 따라 대딕사의 쇼레이笑嶺화상에게 참선하여 받은 다명이었다. 이때 성도 할아버지인 센아미千阿彌의 센千으로 바꿔 센노소에키라고 했다. 센노리큐의 할아버지는 막부 직제의 하나인 도보슈同朋衆[7]를 역임하여 센아미라고 불렸다. 그는 향과 다구를 취급하는 일을 했다. 센노리큐가 차를 좋아했던 것도 집안 내력이 있었다고 하겠다.

센노리큐라는 이름은 히데요시의 중재에 따라 천황으로부터 받은 것이다. 그 이름을 사용하게 된 때는 그가 64세이던 1585년이었다. 1585년은 도요토미 히데요시가 간파쿠關白라는 최고 관직에 오른 때였다. 히데요시는 오기마치正親町 천황을 위해 다회를 열 계획이었고, 이를 도울 사람이 센노소에키, 즉 센노리큐였다. 그런데 궁중 다회에는 관직이 없는 상인의 신분으로는 참석할 수 없었다. 이에 히데요시가 나서서 천황으로부터 받는 형식을 취해 센노소에키는 거사居士의 칭호를 받았다. 이때 받은 이름이 리큐였다. 이로써 이후 센노리큐라고 불리기 시작했다.

센노리큐는 오다 노부나가의 다두에 이어서 도요토미 히데요시의 다두가 됐다. 센노리큐는 독보적인 다인이 되고 싶었고, 히데요시는 모든 걸 두루 갖춘 천하제일의 권력자가 되고 싶었다. 두 사람은 서로의 필요를 충족시킬 수 있었다. 히데요시는 센노리큐에게 연봉 3000섬이라는 파격적인 대우를 했고, 이 대우는 다두에 대한 전무후무한 기록으로 남았다.

히데요시의 신임으로 센노리큐의 명성은 높아졌고 다도도 융성해졌다. 그런데 센노리큐를 신임해 파격적 대우를 했던 것도 히데요시였지만, 그를 죽인 것도 히데요시였다. 센노리큐는 히데요시의 할복 명령에 따라 1591년 스스로 목숨을 끊었다.

할복 명령을 받은 원인에 대해서는 여러 가지 설이 거론된다. 대덕사 누각 사건설, 센노리큐의 딸과 도요토미 히데요시의 결혼을 센노리큐가 반대했기 때문이라는 설, 조선 침략에 대한 반대 입장 때문이라는 설, 다구 매매로 인한 치부설 등이 있는데, 그중 대덕사 누각 사건이 가장 유력한 원인으로 이야기된다.

센노리큐는 당시 미완성으로 남아 있던 대덕사의 삼문三門에 사재를 털어 누각을 완성했다. 이에 대덕사에서는 감사의 표시로 리큐의 나무 형상을 만들어 누각에 얹었다. 히데요시도 지나다닐 수 있는 삼문의 누각에 리큐의 형상을 올렸다는 것은 권위에 대한 도전으로 해석됐고, 결국 나무 형상은 떼어내 책형磔刑이라는 중형을 받고 버려졌다. 이것이 대덕사 누각 사건의 전모다. 그런데 당시 사찰에서 기증자의 목상을 내거는 것은 기증자에 대한 예우로 관례적인 것이었다. 그런데 그 행위가 불경죄로 해석된 것이다. 어쨌든 불경죄는 충분한 할복 명령의 원인이 될 수 있었다.

결국 센노리큐의 죽음은 기본적으로 정치적 필요에 의해 맺어졌던 관계의 흔한 결말로 이해할 수 있다. 필요성이 사라지고 불편해지면 제거되는 토사구팽과 다르지 않다.

이후 센노리큐의 다통茶統은 그의 제자와 자손에 의해 이어
져 많은 유파가 형성됐다. 특히 그의 가통家統은 친자인 도안
道安에게 이어졌다가 양자이자 사위인 쇼안少庵으로 이어졌다.
1580년경 센노리큐는 친자인 도안과 양자인 쇼안의 관계를 생
각해 쇼안을 사카이로부터 교토로 옮기게 했다. 이로써 사카이
센케堺千家와 교센케京千家가 구분되어 불리게 됐다. 사카이센
케는 1607년 도안이 죽음으로써 단절됐고, 센노리큐의 가통은
교센케로 이어졌다. 교센케는 쇼안의 아들인 소탄宗旦에게 계
승된 이후 오모테센케表千家, 우라센케裏千家, 무샤노코지센케
武者小路千家의 3대 유파를 이루었다.

소탄은 71세에 은거하면서 센노리큐에 이어 자신이 사용하
던 다실인 불심암不審庵을 셋째 아들인 소사宗左에게 물려주고
가업을 계승시켰다. 이 계통이 오모테센케다. 은퇴한 소탄은 새
로운 다실인 금일암今日庵을 지어 4남인 소시쓰宗室와 함께 은
거했는데, 여기서 우라센케라는 명칭이 생겨났다. 둘째 아들인
소슈宗守는 분가하여 관휴암官休庵을 세우고 무샤노코지에 거
주했으므로 이 계통을 무샤노코지센케라고 했다.

차
일
본
의
개
항
이
후

세계시장으로 진출한 일본의 차

19세기에는 차의 생산과 공급에 많은 변화가 일어났다. 중국 독점의 차 생산이 인도 아삼차의 발견 이후 생산지가 확대되면서 경쟁 체제로 바뀌었다. 무엇보다도 한·중·일이 모두 개항되어 세계시장으로 편입됐다.

이 시기에 차는 더 이상 문화를 대변하지 않았다. 단지 자본주의 상품으로 적극적인 판매 경쟁에 내몰렸다. 서양인의 시각에서 이제 동양 문화는 화려했던 과거의 산물이었고, 현재는 후진적인 것으로 이해됐다. 경제적, 군사적으로 세계를 석권한 승리자의 시각이었다.

1860년대에 일본의 수출품에서 차는 생사生絲에 이어 두 번째를 차지하는 수출 품목이었다. 당시 수출품에서 차는 8~20퍼센트에 이르는 비중을 차지했지만, 곧 축소됐다. 일본의 차는 녹차였는데, 서양의 차 수요는 이미 홍차가 압도하고 있었다. 중국의 혼란으로 중국 녹차의 공급분을 대체하는 범위에서 일본차 수출은 호조를 보였지만, 곧 난관에 부딪힐 수밖에 없었다.

세계시장에서 경쟁하려는 일본은 적극적인 정보 확보에 나섰다. 당시 세계 각국은 해외 경제 정보의 수집과 정보 서비스에 진력하고 있었다. 이 업무를 수행했던 것은 각지에 설치한 영사관이었다. 일본의 영사관 활동도 활발했다. 일본의 경우 영사 보고의 임무가 다른 어느 나라보다도 컸다. 오랜 쇄국정책 기간을 거친 만큼 축적된 해외 정보가 없는 상태였기 때문이다.

일본은 적극적으로 세계 차 시장 개척에 나서기는 했지만 좋은 성과를 거두지는 못했다. 시대 흐름도 일본에 유리하지 않았다. 차 생산에서 전통 생산지인 중국의 경쟁력은 예전처럼 독점적이지는 못했지만 여전히 건재했다. 인도와 실론의 경쟁력은 날로 성장하고 있었다. 세계의 차 시장도 홍차 소비가 대세였고, 녹차 소비가 높았던 미국조차 다시 홍차로 돌아가고 있었다. 일본은 홍차 생산에 도전했지만 경쟁력을 갖추지는 못했다. 일본의 차 수출은 1890년대 전반을 정점으로 하락세로 돌아섰다.

문화 요소가 빠진 상품으로서의 차의 경쟁은 일본에 가혹했다. 생산 면에서도 인도와 실론에 뒤졌고, 판매 전략도 뒤떨어졌다. 값싼 노동비와 기계 생산으로 무장한 인도와 실론의 차는 싸고 건강에 좋은 음료라는 이미지를 앞세워 판매 시장을 공략했다. 일본은 여전히 문화 이미지로 소비자에게 어필하고자 했다. 고품격을 자랑하던 동양 문화의 이미지가 이미 소진되어 사라진 시점에서 문화를 내세운 공략은 설득력을 얻을 수 없었다.

문화를 위한 항변, 《차의 책》

중국의 차 문화를 논할 때 육우의 《다경》을 빼놓을 수 없듯이, 일본에서는 오카쿠라 덴신岡倉天心의 《차의 책茶の本》을 꼽을 수 있다. 이 두 책은 쓰인 시점도 크게 다르고 저술 목적도 다르지만, 지금까지 많은 사람에게 읽힌다는 공통점이 있다.

《차의 책》은 1906년 오카쿠라 덴신이 동양 문화에 대한 서양인의 몰상식한 이해를 개탄하며 쓴 책이다. 서양인이 가진 편견을 깨고 동양, 정확히 말하면 일본 문화를 알리고자 했으므로 이 책의 초판은 영어로 미국 뉴욕에서 발간됐다.

20세기로 넘어가는 시점에 동양 문화에 대한 서양인의 시각은 이전과는 커다란 차이가 있었다. 17~18세기에는 시누아즈리(중국풍), 19세기에는 자포니즘Japonism [8] 붐이 일었다. 하지만 20세기에 접어드는 시점에 동양은 식민지 경영과 이익 추구의 대상이 됐을 뿐이다.

오카쿠라 덴신은 일본을 미개한 나라로 간주했던 서양인이 러일전쟁에서 일본이 승리하자 일본은 문명국이 됐다고 말하는 세태를 한탄했다. 그들이 보인 일본에 대한 관심은 무사가 할복하는 '죽음의 방법'에 관한 논쟁을 벌이는 정도였다. 정작 일본인의 '삶의 방법'을 이야기하는 다도에는 거의 관심을 보이지 않았다. 오카쿠라 덴신은 이런 태도를 비판했다.

그가 서양에 비판적인 주장을 펼치면서도 국수주의에 매몰되지 않았다는 점은 《차의 책》이 가진 장점이다. 그것은 그기 기본적으로 평화주의적 태도를 견지했다는 것과 다도라는 주제가 주는 삶의 전반을 논할 수 있는 넓은 범위 때문이었다. 일본인의 생활 문화를 대변할 수 있는 다도를 논거의 주제로 삼았다는 것은 탁월한 선택이었다. 게다가 다도의 의례나 절차를 설명하는 따분함에 빠지지 않고 다도의 의미나 철학적 정신을 언급했다. 그러면서도 그는 수필처럼 자연스럽고 쉽게 글을 썼다. 쉽게 쓰였지만 그가 보여준 높은 안목과 전체를 조망하는 시선은 결코 가볍지 않다. 이러한 것이 이 책을 일본의 고전 명저로 손꼽게 하는 요인이 됐고, 현재까지 읽히는 생명력을 가지게 한 것이다.

그의 책은 일본 문화에 대한 이해를 오히려 방해한다는 비평을 듣기도 했지만, 동양에 관한 읽을거리가 부족한 시점에서 열광적으로 읽힌 것도 사실이었다. 지금도 일본 문화를 이해하는 데 유효한 입문서라고 할 수 있다. 일본 다도가 보유한 특징과 내용을 통해 일본의 문화, 일본인의 사고방식을 이해하는 것은 유용한 방법이기 때문이다.

오카쿠라 덴신은 1862년 요코하마에서 하급 무사의 아들로 태어났다. 일본 최대의 무역항에서 그는 서양 문물을 직접 맛보며 성장했다. 그는 서양 문물에 과도하게 경도되지 않고 불교와 도교, 일본 전통 미술 등에 폭넓은 관심을 보였고, 도쿄 대학에서 공부해 일본 전통 미술 전문가가 됐다. 또 그에게는 많은 견문을 익힐 좋은 기회가 여러 번 있었는데, 1886년에는 1년간 유럽의 박물관과 미술관을 시찰했고, 1893년에는 중국을, 1901년에는 인도 여행을 했다. 이러한 견문을 통해 서양 문화에 대한 인식이 높아졌을 뿐 아니라, 동양 문화가 서양에 비해 후진적이지 않다는 확신도 얻게 됐다.

1902년 말 보스턴 미술관에 정착하여 일본을 오가며 활동 역량을 키웠고, 이 시점에《차의 책》을 출간해 호평을 받았다. 동양에 대한 읽을거리가 별로 없었던 서양에서 일본인이 저술한 일본 문화에 관한 책은 당연히 주목받을 수밖에 없었다. 게다가 그가 주제로 삼은 차는 일본의 생활 문화를 대변하면서 일본인의 사고방식을 이해할 수 있는 핵심이기도 했으므로 더더욱 주목을 받았다.

《차의 책》의 분량은 많다고 할 수 없지만, 오카쿠라 덴신은 차를 통한 생활과 예술, 삶에 대한 폭넓은 인식을 쏟아냈다. 그는 예술이란 그 시대의 삶에 부응하는 것이어야 진실로 이해할 수 있는 것이고, 다도 역시 이와 다르지 않다고 생각했다. 과거의 것을 단순히 모방하는 것이 아니라, 현대인의 의식과 감성에 동화된 것이어야 한다고 했다. 그래야 독창적이고 시대적 양식이 될 수 있다는 것이다.

《차의 책》은 다도의 의미를 설명하는 것으로 시작한다. 다도란 복잡한 일상생활을 살아가면서 그 속에서 아름다움을 발견해 이를 소중히 모시는 의식이라고 했다. 그렇다고 단지 아름다움만을 추구해서는 안 되며, 윤리 및 종교, 청결한 생활, 소박함의 경제학까지 연계돼야 한다고 주장했다. 그리고 여기서 더 확장되면 우주와도 공감하는 정신세계를 확립할 수 있다고 했다. 차를 즐길 때는 누구나 최상을 누릴 수 있으므로 다도는 동양적 민주주의의 진수를 보여주는 것이라고도 말했다. 또한 차 문화는 중국 남부의 개인적이고 자연적인 환경에서 도교의 영향을 받아 그 미학적 이념의 기초가 구축됐는데, 이후 선불교에 의해 구체화됐고, 종국에는 일본의 다도를 통해 완성됐다며 일본인의 자긍심을 내보이기도 했다.

이러한 그의 글에 비판적인 시각이 없는 것은 물론 아니다. 그의 책에는 기본적으로 일본 문화의 자부심과 함께 서양에 대한 비판의식이 강하게 깔려 있다. 일본의 다도가 고상한 단계에 이르렀다고 하더라도 그 정신적이고 심미적인 우수성을 무턱대고 설득할 것은 아니다. 일본적 가치를 보편화하려는 면도 보인다. 그럼에도 그의 책이 일본의 다도를 이해할 수 있는 유용한 입문서라는 사실에는 변함이 없다. 한편 한국 차 문화의 정체성을 확립할 필요성이 있는 우리에게도 일본 다도에 대한 정확한 이해는 필수적이므로 우리의 눈길을 끄는 것도 당연한 일이다.

민예운동으로 본 다도

강력한 서구 문물의 파도가 휩쓴 20세기에 전통 문화에 대한 재정립은 일본에서도 예외가 아니었다. 그 일환으로 일어난 대표적인 것이 민예운동이다. 민예民藝라는 말을 만들고 그 운동을 주도한 사람은 야나기 무네요시柳宗悅다. 그는 '일상의 아름다움', '소박한 미학'을 주장하며 새로운 아름다움의 기준을 제시했다. 우리에게 익숙한 그의 한자 이름만큼이나 그는 조선의 미美에도 안목을 갖춘 민속예술 연구자이고, 일본의 대표적 전통 문화인 다도의 발전을 강조한 사람이다. 그의 다도에 대한 비판도 그러한 흐름에서 나왔다. 그의 글 〈다도를 생각한다〉(1936)와 〈차의 병폐〉(1950)를 읽어보면, 다도에 대한 그의 생각과 그가 지적한 20세기 일본 다도의 병폐를 분명하게 알 수 있다. 그것은 곧 현재 다도가 나아갈 길이기도 하다.

〈다도를 생각한다〉는 "그들은 본 것이다"라는 문장으로 시작된다. 그들, 즉 다인은 바로 보는 사람, 사물을 분별할 수 있는 힘을 가진 사람이라는 뜻이다. 다도는 '그릇으로 보는 도道'이고, 더불어 '사용하는 도'라고 했다. 따라서 그는 다도에서 기물을 매우 중시했다. 그가 말하는 기물이란 값비싼 다구가 아니라 스스로 정확하게 알아본 그릇이다. 아름다움을 알아본다는 뜻이다. 다인이란 탈속적인 창작자의 안목을 가진 사람으로, 정확하고 새롭게 보는 사람이라고 했다. 그러한 사람이 정확하게 보고 사용하며 궁극까지 이르는 것이 다도였다. 능숙하게 차를 탄다고 해서 다인이 되는 것이 아니다.

야나기 무네요시는 지금은 '대명물大名物'로 명명되어 많은 사람이 찬미하지만, 그 대명물은 원래 평범한 민중이 썼던 그릇이고 초라한 잡기였다고 했다. 아무도 아름다움을 알아보지 못했을 때 그 아름다움을 바로 본 사람이 다인이며, 와비차를 완성해낸 예전의 다인이 그런 사람이라는 것이다. 지금 사람은 대명물의 기준에 맞춰 다구를 선택하려 하고, 이것이 절대의 기준인 양 생각하여 겉모양을 따라하는 데 급급하다. 따라서 안목 없는 선택은 애매해지고, 일정한 기준은 정해져 있으니 선택의 폭은 좁아지고 만다. 결국 요즘 사람은 자유로움이 사라져 틀에 박힌 모양만을 따라하는 능력만 갖추고는 다인임을 자처한다고 무네요시는 비판한다.

무엇보다도 그는 금력金力이 우선되는 다도 모임에 신랄한 비판을 가했다. 애매하고 비좁은 선택에 의해 자유롭지 못하게 되는 대표적인 예로 보았다. 그들은 명기를 지금까지의 저명한 그릇으로 한정하기 때문에 비싸게 돈을 들여 그것을 구입해야 하고, 그런 소유를 통해 다도를 이루려 한다고 쓴 소리를 한다. 그는 그런 것은 다도가 아닐뿐더러 그런 사람은 다인이 될 수 없다고 단언했다. 부자가 천국에 가는 것이 낙타가 바늘구멍을 통과하는 것보다 어렵다고 했듯이, 비싼 기물을 중시하는 사람은 진정한 다도에 접근하기 어렵다는 것이다.

진정한 차란 생활에서 아름다움을 맛보는 것이어야 한다는 것이 그의 주장이다. 따라서 다도에서는 '무난한 차', '평범한 차'가 이념이 되어야 한다. 평범한 것에서 색다른 것을 꿰뚫어

보는 것이어야 한다. 지금은 과거의 다인이 발견한 대명물이 있지만, 고맙게도 초기의 위대한 다인조차 볼 수 없었던 아름다운 기물이 이 세상에는 아직 많다고 했다.

야나기 무네요시는 일본 다도계에 현실적인 비판을 가했다. 봉건 유습이자 경제적인 상호 기생 제도가 된 종가제宗家制와 다구상 그리고 그들에게 끌려 다니는 사이비 다인에 의한 병폐를 신랄하게 지적했다. 다도는 아름다움의 종교로, 일본의 미의식과 불법佛法이 결합돼 발전해온 전통 유산이니 이것을 건전하게 발전시키고 전승하는 것이 현재 일본에 주어진 임무라고 했다. 이것이 바로 그가 다도 비판을 역설한 이유였다.

야나기 무네요시의 글은 강렬한 인상을 준다. 그의 주장이 새로워서가 아니라, 일본 문화계 내의 안목 높은 비판 세력이라는 점에서 그렇다. 비판 세력의 존재는 그 사회와 문화를 발전시키는 주요 동력으로 작용한다. 차 의례가 발전하기 시작한 초기부터 그에 대한 반성과 비판은 존재했다. 육우가 《훼다론》을 쓴 것도 그런 의미에서였다. 반성과 비판적 사고로 인해 문화는 생명력을 유지하며 발전하는 것이다.

공감하는

차 문화를

위해

차를 마시는 풍속은 오랜 세월 동안 발전해오면서 세계적인 문화로 성장했다. 차 문화가 발전할 수 있었던 기본적인 세 가지 요소는 생산, 문화, 기능성이라고 할 수 있다. 먼저 생산이 충분했기 때문이다. 모든 문화의 형성과 발전에 물질적 토대는 매우 중요하다. 중국에서 시작된 차는 초기부터 충분한 양이 생산됐다. 세계적으로 소비가 확대되는 시점에도 생산 지역의 확대가 수월하게 이루어졌다. 이 점이 다양한 차 문화의 발전을 가능하게 한 생산적 토대였다.

두 번째는 문화를 갖추었다는 점이다. 단순한 물질적 소비를 넘어서 인간의 활동을 표출하는 다양함을 갖추었다는 것이 차 문화의 장점이다. 한·중·일의 녹차 문화는 일찍이 불교문화와 접목되면서 구도적인 성향이 담겼다. 생활, 건축, 회화 등 다방면에 그 결과물이 남아 있다.

마지막으로 기능성을 들 수 있다. 건강에 대한 관심은 예나 지금이나 마찬가지다. 차가 가진 다양한 기능성은 맛과 함께 동서고금을 막론하고 누구에게나 매력적이다.

이러한 세 가지 요소를 기반으로 한·중·일은 각자 차 문화를 발전, 전승해왔다. 중국이 전통시대부터 생활 속의 차를 이룩했다면, 한국은 선비 문화로서의 전통차 문화가 있었다. 일본은 다도 문화라는 특유의 전통을 만들어냈다.

차 문화는 동아시아에 한정되지 않고 17세기에 서양으로 보급되면서 세계가 즐기는 차로 발전했다. 서구 여러 나라가 차를 마시기 시작했고, 영국의 홍차 문화는 서양의 차 문화를 대변하게 됐다. 그들의 기호와 생활에 맞는 문화로 자리도 잡았다. 20세기 후반에 이르면 오히려 유럽의 고급 도자기와 함께 홍차 문화가 동아시아 사회로 역수출되기 시작했다. 400여 년 만에 뒤바뀐 역사다. 이처럼 문화는 상호 교류하면서 변화, 발전한다.

현재 우리는 전통 문화로서 녹차 문화를 어떻게 계승, 발전시킬 것이며, 새로운 차 문화를 어떻게 수용하여 형성시킬 것인가 하는 과제를 안고 있다. 이 두 과제는 결국 같은 문제다. 문화란 현재적이며 현지에 잘 어울리는 것이어야 왕성한 생명력을 갖기 때문이다.

한국의 전통 문화로서 녹차 문화가 가진 가장 커다란 문제의 하나는 '공감이 부족한 전통'이라는 점이다. 이 문제를 오로지 일제강점기와 전쟁 그리고 분단의 탓으로만 돌리기에는 그동안 너무 많은 시간이 지났다. 이것은 우리가 누리고 즐겨야 할 전통이고 문화이기 때문에 이제 우리 손에 달린 문제다.

전통 복원과 문화의 발전을 생각할 때 그것은 우리의 태도에 따라 진폭이 큰 결과로 나타날 것이다. 전통 문화의 복원이라는 숙제 해결에 가장 큰 걸림돌은 결국 우리 안에 있었다. 대표적으로 엄숙주의와 국수주의를 들 수 있다. 이제 우리는 '우리 전통은 우수하고 찬란했다'는 명제에 집착하지 말아야 한다. 여기에 전통 문화 연구 부족이라는 고질적인 문제도 해결해야 한다. 정확한 사실을 아는 것은 반드시 필요하다. 근거 없는 전통을 주장하는 것은 곧 전통 파괴라는 결과를 가져오기 때문이다.

본래부터 가지고 있었던 것만 전통이 되는 것이 아니다. 본래 없던 것도 잘 수용해서 소화해내면 전통이 된다는 것을 우리는 역사에서 확인할 수 있다. 일본이 다도 문화를 전통으로 확립하고, 영국이 홍차 문화를 이룩한 것이 그런 예다. 본래 보유한 것은 아니지만, 결핍을 인정하면서 필요한 것을 잘 수용한 결과다. 우리에게도 이러한 태도가 필요하다.

주

1 760년경 만들어진 최초의 다서. 중국 당 대의 문인 육우가 저술한 책으로, 차를 마시는 풍습이 널리 퍼진 당 중기에 간행됐다.

1 차 문화에 담긴 아름다움

1 다구의 명칭은 한·중·일에서 다르게 쓰이기도 한다. 한국에서는 차를 담아두는 단지(tea caddy)를 '茶壺'라고 하고, 찻주전자를 '茶罐'이라고 한다. 그런데 중국에서는 찻주전자를 '다호'라고 하고, 차 보관 용기를 '다관'이라고 한다.

2 차의 발효는 본래 효소발효로 산화 과정을 말한다. 효소발효를 통해 만들어진 차는 시간이 지날수록 그 맛과 품질이 저하된다. 따라서 그해에 생산된 차를 그해에 소비하는 것이 최상이라고 하는 것이다. 반면 보이차는 제조 마지막 단계에 세균발효를 거친 특이한 차여서 효소발효만 거친 차와는 성질이 크게 다르다.

3 唐代, 鎏金鴻雁流雲紋銀茶碾子, 琉璃茶碗茶托, 法門寺博物館. 《也可以淸心-茶器·茶事·茶畫》, 國立故宮博物院, 2004, 8쪽.

4 唐代 花崗巖石 茶具1組12件, 國立自然科學博物館.《也可以淸心-茶器·茶事·茶畫》, 國立故宮博物院, 2004, 29쪽.

5 唐代 白釉金釦雲龍杯托, 臨安縣文物管理會.《品茶說茶》, 杭州:

浙江人民美術出版社, 1999, 113쪽.

6 《品茶說茶》, 杭州: 浙江人民美術出版社, 1999, 29쪽.

7 邢州窯, 定州窯, 介休窯, 楡次窯, 耀州窯, 靑州窯, 湯陰窯, 修武窯,
   汴梁官窯, 鞏縣窯, 汝州窯, 鈞州窯, 唐州窯, 鄧州窯, 宿州窯, 泗州窯,
   蕭縣窯, 荊州窯, 平江窯, 閩州窯, 益州窯, 越州窯, 修內司官窯, 郊壇官窯,
   餘杭窯, 明州窯, 處州窯, 饒州窯, 撫州窯, 洪州窯, 南豊窯, 建州窯, 泉州窯.

8 丘濬, 《大學衍義補》卷29, 今世惟閩廣間用末茶而葉茶之用遍於中國而外夷
   亦然世不復知有末茶矣.

9 〈蕭翼賺蘭亭圖〉, 唐代, 비단채색, 27.4×64.7cm, 臺北故宮博物院. 裴紀平,
   《中國茶畵》, 杭州: 浙江撮影出版社, 2014, 2쪽.

10 周昉, 〈調琴啜茗圖〉, 唐代, 비단채색, 27.9×85.3cm, Nelson-Atkins Museum of
   Art(Kansas City). 《中國茶畵》, 6~7쪽.

11 劉松年, 〈攆圖〉, 宋代, 비단채색, 44.2×66.9cm, 臺北故宮博物院.
   《中國茶畵》, 32쪽.

12 〈備茶圖〉, 1972년 발굴된 河北 宣化 遼代 張匡正 墓 壁畵. 《中國茶畵》, 21쪽.

13 劉松年, 〈鬪茶圖〉, 宋代, 비단채색, 臺北故宮博物院. 《中國茶畵》, 40쪽 하단.

14 劉松年, 〈鬪茶圖〉, 宋代, 비단채색, 61.8×56.4cm, 臺北故宮博物院.
   《中國茶畵》, 39쪽.

15 劉松年, 〈茗園睹市圖〉, 宋代 비단채색, 臺北故宮博物院. 《中國茶畵》, 42쪽.

16 〈鬪茶圖〉, 宋代, 비단채색, 60×35cm, 天津博物館. 《中國茶畵》, 43쪽.

17 劉松年, 〈盧同煎茶圖〉, 宋代 비단채색, 日本 岡田壯四郞. 《中國茶畵》, 41쪽
   상단.

18 周季常·林庭珪, 〈五百羅漢圖〉, 宋代, 日本 京都 大德寺. http://
   www.hkcd.com/content/2015-04/13/content_922625.html

19 馬元馭, 〈茶具圖〉, 淸代, 24.7×30.2cm, 常熟博物館. 《中國茶畵》, 204쪽.

20 文徵明, 〈茶具十咏圖〉(1534), 127×57cm, 臺北故宮博物院. 《中國茶畵》, 92쪽.

21 文徵明, 〈茶事圖〉(1543), 122.9×35cm, 臺北故宮博物院. 《中國茶畵》, 97쪽.

22 文徵明, 〈品茶圖〉(1531), 88.3×25.2cm, 臺北故宮博物院. 《中國茶畵》, 97쪽.

23 黃卷, 〈嬉春圖〉(1636), 38×311.2cm, 上海博物館. 《中國茶畵》, 136쪽.

24 楊晉, 〈豪家佚樂圖〉, 56.2×1274cm, 南京博物院. 《中國茶畵》, 184쪽.

25 작자 미상, 〈高士自娛圖〉, 고려, 비단채색, 44×89.5cm, 일본 개인 소장. 오병훈.

《한국의 차 그림》, 차의 세계, 2014, 235쪽.

26 작자 미상,〈高士圍碁圖〉, 137.2×66cm, 일본 개인 소장. 이원복,〈공민왕
　　전칭작들에 대한 고찰〉,《동악미술사학》17, 2015, 104쪽.

27 작자 미상,〈高士午睡圖〉, 중앙국립박물관.

28 이경윤,〈山水人物圖〉, 16세기 후반, 비단채색, 91.8×59.4cm, 국립중앙박물관.

29 이경윤,〈觀月圖〉, 비단수묵, 24.9×31.2cm, 고려대학교박물관.

30 최혜인,〈朝鮮 後期 茶畵 硏究〉, 고려대학교 석사학위 논문, 2016, 3쪽.

31 이상좌,〈群賢煮茗圖〉, 16세기, 비단수묵, 24.2×28.2cm, 간송미술관.

32 김홍도,〈蕉園試茗圖〉, 18세기 후반, 종이담채, 28×37.8cm, 간송미술관.

33 이인문,〈仙童煎茶圖〉, 18세기 후반, 종이채색, 31×41.2cm, 간송미술관.

34 〈不動利益緣起繪卷〉, 14세기, 종이채색, 28.4×947.5cm, 東京國立博物館.

35 〈春秋遊樂圖〉, 6곡 1쌍 중 왼쪽 부분, 일본 개인 소장.

36 菱川師宣,〈歌舞伎圖屛風〉, 종이 수묵채색 금분, 6곡 1쌍 중 左雙, 1.7×3.9m,
　　東京國立博物館.

37 池大雅,〈樂志論圖卷〉(1750), 東京 梅澤記念館.

38 鈴木春信,〈茶の湯〉, The British Museum(London).

39 磯田湖龍齋,〈二十四孝 郭巨〉, The Metropolitan Museum of Art.

40 鈴木春信,〈鍵屋お仙〉(1769), Musée national des Arts asiatiques-Guimet(Paris).

41 白居易,〈夜聞賈常州崔湖州茶山境會想美歡宴因寄此詩〉,《白氏長慶集》
　　卷24(欽定四庫全書).

42 蘇軾,〈和蔣夔寄茶〉,《東坡全集》卷7(欽定四庫全書).

43 '낙양지귀'는 낙양의 종이 값이 올랐다는 뜻이다. 子思가 쓴《三都賦》를 당시
　　문단에서 이름을 날리는 시인이던 張華가 격찬하자, 글깨나 읽는다는 사람들이
　　앞 다투어《삼도부》를 베껴 읽는 바람에 낙양의 종이가 품귀 현상을 보이며
　　폭등했다는 데서 생겨난 말이다. 그의 작품이 잘 팔린다는 의미로 인용했다.
　　《삼도부》의 삼도는 삼국시대 위의 수도 鄴, 촉의 수도 成都, 오의 수도 建業을
　　의미한다.

44 崔珏,〈美人嘗茶行〉,《文苑英華》卷337(欽定四庫全書).

45 趙明誠,〈金石錄後序〉,《金石錄》卷30(欽定四庫全書).

46 曾慥,〈鷓鴣天〉,《樂府雅詞》卷下(欽定四庫全書).

47 송재소·조창록·이규필 옮김,《한국의 차 문화 천년 5: 조선 중기의 차 문화》,
　　돌베개, 2013, 260~261쪽.

2 중국 차 문화의 흐름

1 封演,〈飮茶〉,《封氏聞見記》卷6.

2 절세차는 세금을 환산해 차로 낸 것으로, 그 물량의 차를 뜻한다.

3 모차는 차를 운반하거나 판매하는 과정에서 소모되는 물량에 대비해 본래의
　　양보다 조금 덧붙여서 지급하는 수량의 차를 말한다.

4 식차는 차 생산지 내에서 소비되는 차를 뜻한다.

5 상평은 물가를 안정시키고 만민의 생활을 보호한다는 의미로, 구황과 물가 정책을
　　포함한다. 이를 위해 각지에 상평창을 설치했는데, 상평본전은 그 운영을 위한
　　비용을 말한다.

6 歐陽修,〈唐陸文學傳〉,《文忠集》卷141.

7 무명씨,《飮茶圖》, 부채에 비단채색, 31.1×25.1cm, Freer Gallery of
　　Art(Washington D. C.).

8 致齋는 제사 준비를 시작하여 진행하고 마치는 다음 날까지 사흘 동안 주관자가
　　몸과 마음을 깨끗이 하고 삼가는 것을 말한다.

9 丘濬,〈治國平天下之要〉山澤之利,《大學衍義補》卷29.

3 한국 차 문화의 흐름

1 《삼국사기》〈신라본기〉제10.

2 《삼국유사》권2〈가락국기〉.

3 《한비자》에 나오는 고사인 '濫竽充數', 즉 피리를 불 줄도 모르면서 300여 명의
　　합주단에 들어가 부는 시늉만 하며 좋은 대우와 보수를 받았다는 일화를 인용한
　　것이다. 다시 말해 능력 없는 자가 능력이 있는 것처럼 가장하고 실력 없는 자가
　　높은 자리를 차지함을 비유한 말이다.

4 《장자》에 나오는 이야기로, 바람을 피해 날아온 한낱 바닷새인 鶀鶀를 극진히
　　대접했다는 일화를 인용한 것이다. 돼지 목에 진주를 걸듯, 어울리지 않는 지나친
　　대우라는 뜻이다.

5 유향의 《열녀전》에 나오는 '南山霧豹'를 말한다. 이는 개나 돼지는 주는 대로 먹으며 제 몸을 살찌워 결국 앉아서 잡아먹히지만, 남산의 검은 표범은 안개비가 일주일 동안 내려도 먹이를 찾아 산을 내려오지 않는데, 햇빛을 멀리해 털을 기름지게 하고 무늬를 이루기 위해서라고 한다. 즉 어떤 어려움에도 굴하지 않고 본분을 지키는 진정한 군자를 의미한다.

6 《桂苑筆耕集》卷18. 송재소·유홍준·정해렴·조창록·이규필 옮김, 《한국의 차 문화 천년 3 : 삼국시대·고려의 차 문화》, 돌베개, 2011, 46쪽.

7 《東國李相國全集》卷13.

8 《東國李相國全集》卷13.

9 《東國李相國全集》卷13.

10 《高麗史節要》卷2〈穆宗宣讓大王〉, 穆宗5年 秋7月, 近覽侍中韓彦恭上疏, 言, '今, 繼先朝而使錢, 禁用麤布, 以駭俗, 未遂邦家之利益, 徒興民庶之怨嗟.' 其茶酒諸店交易, 依前使錢外, 百姓等私相交易, 任用土宜.

11 《高麗史節要》卷7〈肅宗2〉, 肅宗9年 7月, 戊戌. 幸南京. 辛丑. 駕次峯城縣. 出官錢, 賜群臣軍士有差. 時, 泉貨之行已三歲, 民貧, 不能興用. 乃命州縣出米穀, 開酒食店, 許民貿易, 使知錢利.

12 《西河集》卷1,〈李郎中茶店畫睡〉.

13 《稼亭集》卷5.

14 《高麗史節要》卷11〈毅宗莊孝大王〉, 毅宗 21年 7月.

15 경기도박물관, 《차, 즐거움을 마시다》, 도서출판 이른아침, 2014, 53쪽.

16 《艮齋集》卷10.

17 《恬軒集》卷3.

18 《아언각비》(《여유당전서》 제1집〈잡찬집〉권24) 권1〈차〉.

4 일본 차 문화의 흐름

1 승려 무주(1226~1312)가 쓴 불교 설화집. 전 10권.

2 東京國立博物館本《七十一番職人歌合》24番,〈一服一錢〉と〈煎じ物賣〉.

3 〈祇園社大政所繪卷〉2曲 屛風, 京都 八坂神社 所藏.

332

4 〈高雄觀楓圖〉6曲 屛風 149×362.9cm, 東京國立博物館.

5 宋本〈五百羅漢圖〉, 京都 大德寺.

6 《慕歸繪》京都 本願寺.

7 가마쿠라 막부 말기 이래 유력 무장과 함께한 時衆 또는 從軍僧에서 기원한다.
   후에 막부 직제로 편제되어 유력 무장의 가까이에서 잡무와 예능을 담당했는데,
   이들에게 阿彌라는 호칭을 썼다.

8 19세기 후반에서 20세기 초까지 서양 미술 전반에 나타난 일본 미술의 영향과
   일본적인 취향 및 일본풍을 즐기고 선호하는 현상.

참고 문헌

경기도박물관, 《차, 즐거움을 마시다》, 도서출판 이른아침, 2014.

기와기타 미노루, 장미화 옮김, 《설탕의 세계사》, 좋은책만들기, 2012.

김길자, 《중국 다시茶詩》, 현암사, 1999.

김명배 역저, 《일본의 다도》, 보림사, 1987.

_____, 《중국의 다도》, 명문당, 1994.

김종태, 《차의 과학과 문화》, 보림사, 1996.

다나하시 고오호오, 석도윤·이다현 옮김, 《중국 차 문화》, 하늘북, 2006.

모로오카 다모쓰·이에이리 가즈오, 김명배 옮김, 《조선의 차와 선》, 보림사, 1991.

문기영, 《홍차수업》, 글항아리, 2015.

베아트리스 호헤네거, 조미라 외 옮김, 《차의 세계사: 동양으로부터의 선물》, 열린세상, 2012.

서은미, 《북송 차 전매 연구》, 국학자료원, 1999.

세라 로즈, 이재황 옮김, 《초목전쟁》, 산처럼, 2015.

센겐시쓰, 박전열 옮김, 《일본 다도의 정신》, 시사출판, 2008.

수인, 《청규와 차》, 동국대학교 출판부, 2010.

신명호·이근우 외, 《조선시대 궁중다례의 자료 해설과 역주》, 민속원, 2008.

쓰노야마 사가에, 서은미 옮김, 《녹차 문화 홍차 문화》 예문서원, 2001.

안대회·이동철·정병설 외,《18세기의 맛》, 문학동네, 2014.

야나기 무네요시·구마쿠라 이사오 엮음, 김순희 옮김,《다도와 일본의 미美》, 도서출판
　　소화, 1996.

오병훈,《한국의 차 그림》, 차의 세계, 2014.

오카쿠라 덴신, 이동주 옮김,《차 이야기》, 도서출판 기파랑, 2012.

왕충런, 김하림·이상호 옮김,《중국의 차 문화》, 에디터, 2004.

윤장섭,《일본의 건축》, 서울대학교출판부, 2000.

이소부치 다케시, 강승희 옮김,《홍차의 사계사, 그림으로 읽다》, 글항아리, 2010.

이윤섭,《커피, 설탕, 차의 세계사》, 한영문화사, 2013.

정동주,《다관에 담긴 한·중·일의 차 문화사》, 한길사, 2008.

정민,《새로 쓰는 조선의 차 문화》, 김영사, 2011.

종색, 최법혜 옮김,《고려판 선원청규 역주》, 가산불교문화연구원, 2002.

주영하,《그림 속의 음식, 음식 속의 역사》, 사계절, 2005.

치우지핑, 김봉건 옮김,《다경도설》, 이른아침, 2005.

티엔뤼캉, 이재정 옮김,《공자의 이름으로 죽은 여인들》, 예문서원, 1999.

한기정,《조선 후기 지식인의 연구》, 보고사, 2014.

헨리 홉하우스, 윤후남 옮김,《역사를 바꾼 씨앗 5가지》, 세종서적, 1997.

히네다 마사시, 이수열·구지영 옮김,《동인도회사와 아시아의 바다》, 도서출판 선인,
　　2012.

角山榮,《茶の世界史: 綠茶の文化と紅茶の社會》, 東京: 中公新書, 1980.

裘紀平,《中國茶話》, 杭州: 浙江撮影出版社, 2014.

羅慶芳主 編,《中國茶典 上下》, 貴州人民出版社, 1996.

騰軍,《中日茶文化交流史》, 人民出版社, 2004.

廖寶秀,《宋代喫茶法與茶器之硏究》, 臺北: 國立故宮博物院, 1996.

凌大珽 編著,《中國茶稅簡史》, 北京: 中國財政經濟出版社, 1986.

愛宕松男,《中國陶瓷産業史》, 三一書房, 1987.

吳覺農 編,《中國地方志茶葉歷史資料選輯》, 農業出版社, 1990.

吳覺農·范和鈞,《中國茶業問題》,商務印書館, 1937.

王玲,《中國茶文化》,北京:中國書店, 1992.

姚國坤·王存禮·程啓坤 編著,《中國茶文化》,上海文化出版社, 1991.

宗賾,《禪苑淸規》,中州古籍出版社, 2001.

佐伯富,《宋代茶法硏究資料》,東方文化硏究所, 1941.

朱自振 等 編,《中國茶葉歷史資料選輯》,農業出版社, 1981.

_____,《中國茶葉歷史資料續集》,東南大學出版社, 1991.

朱重聖,《北宋茶之生産與經營》,臺灣學生書局, 1985.

增淵宗一,《東西喫茶文化論-形象美學の視點から》,京都:淡文社, 1999.

陳椽,《茶業通史》,北京:農業出版社, 1984.

陳宗懋 主 編,《中國茶經》,上海文化出版社, 1988.

靑山定雄,《唐宋時代の交通と地誌地圖の硏究》,東京:吉川弘文館, 1969.

村井康彦,《茶道史》,京都:淡交社, 1980.

篠原壽雄,《永平大淸規-道元の修道規範》,東京:大東出版社, 1980.

布目潮渢博士記念論集刊行會,《東アジアの法と社會》,東京:汲古書院, 1990.

河上光一,《宋代の經濟と生活》,東京:吉川弘文館, 1982.

許賢瑤 編譯,《中國古代喫茶史》,臺北:博遠出版社, 1991.

_____,《中國茶書提要》,臺北:博遠出版社, 1990.